Kopiervorlage

MONATSPLANER

VORHER		Woche 1	Woche 2	Woche 3	Woche 4	NACHHER
	Mo					
	Di					
	Mi					
	Do					
	Fr					
	Sa					
	So					

Brigitte Haberda

Knack die Nuss beim Lesen und Schreiben

Lernstörungen erkennen und beheben
mit neuen Lernmethoden

Illustriert von
Monika Legenstein

VAK

VAK Verlags GmbH
Kirchzarten bei Freiburg

Dieses Buch ist 1996 unter dem gleichen Titel erschienen bei:
hpt-Verlagsgesellschaft mbH & Co. KG, Wien (ISBN 3-7004-3726-9)
Für die vorliegende Neuausgabe wurde es überarbeitet und
in die neue Rechtschreibung übertragen.

Bibliografische Information Der Deutschen Bibliothek
Die Deutsche Bibliothek verzeichnet diese Publikation in der Deutschen
Nationalbibliografie; detaillierte bibliografische Daten sind im Internet
über http://dnb.ddb.de abrufbar

2. Auflage: 2003

Illustrationen und Umschlag: Monika Legenstein
Lektorat: Norbert Gehlen
Gesamtherstellung: Kösel, Kempten
Printed in Germany
ISBN 3-935767-19-6

Inhalt

Vorbemerkung des Verlags

Dieses Buch informiert über Möglichkeiten, Kindern das Lesen- und Schreibenlernen zu erleichtern. Die hier vorgeschlagenen Übungen und Verfahrensweisen dienen diesem pädagogischen Zweck. Sie haben sich als sicher und effektiv bewährt. Wer sie anwendet, tut dies in eigener Verantwortung. Die Autorin und der Verlag beabsichtigen nicht, Diagnosen zu stellen oder Therapieempfehlungen zu geben.

Einleitung

Schülern, Lehrern und Eltern ist das Gefühl bekannt, eine nicht zu knackende Nuss vor sich zu haben. Auf einer Seite die Gewissheit, dass es zu schaffen sein müsste, auf der anderen der frustrierende Rückblick auf unzählige gescheiterte Versuche.

Als Beispiel möchte ich gleich einmal das Erlernen des Einmaleins anführen. Der Lehrer gibt bei der Erarbeitung des Einmaleins sein Bestes und berücksichtigt alle Unterrichtsprinzipien, der Schüler arbeitet eifrig mit und ist am Ende der Unterrichtseinheit fest davon überzeugt, die Einmaleinssätzchen zu beherrschen. Doch beim Wiederholen zu Hause sind sie leider wie weggewischt, und die Eltern müssen beim erneuten Lernen helfen.

„Hast du denn in der Schule überhaupt aufgepasst?" Diese Frage wird dann den Kindern sehr oft gestellt und den bejahenden Beteuerungen wird nicht so recht geglaubt. Für die Kinder doppelt frustrierend, da sie ja um ihr eifriges Bemühen wissen und keine Erklärung für ihre Vergesslichkeit haben. Aber willig lernen die meisten die Einmaleinssätzchen noch einmal. Bald können sie die Frage „Wieviel ist vier mal sieben?" Zur Zufriedenheit der Eltern beantworten. Damit es auch sitzt, wird eifrig wiederholt, und immer wieder ertönt das erlösende „achtundzwanzig".

Dadurch ermutigt, werden auch gleich die anderen Malsätzchen der Viererreihe durchgenommen, und zwischendurch, so quasi zur positiven Bestätigung, wird wieder nach vier mal sieben gefragt . . . Das Kind denkt nach, schaut vielleicht zur Zimmerdecke und sucht verzweifelt nach der Lösung. „Da oben steht es auch nicht", sagen dann manche Eltern, ohne zu wissen, dass sie dem Kind damit vielleicht den letzten rettenden Strohhalm für eine gelungene Lösung wegnehmen. So sehr sich das Kind auch abmüht, das richtige Ergebnis ist wieder aus dem Gedächtnis verschwunden. Wie ist so etwas denn möglich? Auf allen Seiten macht sich Frustration breit. Wozu denn überhaupt noch lernen? All die Mühe umsonst.

Warum ich über diese Dinge so genau Bescheid weiß? Aus eigener Erfahrung. Über zwanzig Jahre war ich im Schuldienst tätig und habe in dieser Zeit in allen Schultypen unterrichtet. Viele Jahre davon in der Hauptschule, aber auch in der Volksschule und der Allgemeinen Sonderschule. In dieser Zeit habe ich Hunderten von Kindern die Grundbegriffe der Mathematik beigebracht. Vielen mit großem Erfolg, manchen mit großer Mühe.

Aber warum fällt manchen Schülern Lernen so leicht, während andere so große Probleme damit haben? Diese Frage habe ich mir schon sehr bald gestellt und immer wieder neue Wege gesucht, um auch den Lernschwachen einen besseren Zugang zu den Lehrinhalten zu ermöglichen. Vieles habe ich ausprobiert. Doch wenn ich den ganzen Aufwand betrachtete und mit dem Ergebnis verglich, war ich unzufrieden. Einige Legasthenieprogramme sind mir in diesem Zusammenhang in Erinnerung. Seitenweise mussten die Kinder üben, doch bei der nächsten Klassenarbeit, beim nächsten Diktat schlichen sich teilweise die gleichen Fehler wieder ein.

Da entdeckte ich die Kinesiologie und war von ihren Möglichkeiten fasziniert, obwohl mir einige der kinesiologischen Bewegungsübungen schon sehr komisch vorkamen. Ich erinnere mich da an den Blitzableiter und die Beckenschaukel. Doch die Brain-Gym-Übungen zeigten bei den Schülern sichtbaren Erfolg. Damals wusste ich noch nicht, warum sie halfen, aber ich musste zugeben, dass sie halfen. Und da ich ein überaus logischer und analytischer Mensch bin, wollte ich natürlich genauer darüber Bescheid wissen. Das war der Zeitpunkt, zu dem meine Kinesiologiesucht begann.

Nach jedem Kurs überprüfte ich das neue Wissen in der Praxis. Vieles mit phänomenalem Erfolg, manches war für den Einsatz in der Schule weniger geeignet. So formte ich aus vielen kinesiologischen Mosaiksteinen eine wirksame Methode, um Schülern mit Lernschwierigkeiten helfen zu können. Endlich konnte ich wirklich helfen und ich hatte das Gefühl, die Nuss geknackt zu haben.

Was ist so besonders an diesem neuen Weg, Lernschwierigkeiten zu begegnen? Das Besondere ist, dass nicht länger an den Symptomen wie mangelhaftes Merkvermögen, Rechtschreibfehler oder stotterndes Lesen gearbeitet wird, sondern die Korrektur beginnt bei den Ursachen, und die liegen oft ein bis zwei Entwicklungsstufen tiefer. Das kann eine mangelnde Integration der Hemisphären sein oder die Unfähigkeit, im Mittelfeld zu arbeiten. Erst wenn diese Defizite behoben sind, kann eine sinnvolle Arbeit an den Symptomen in Angriff genommen werden.

Nach dem Durchlesen dieses Buches werden auch Sie die Lernschwierigkeiten Ihres Kindes unter einem anderen Aspekt sehen. Da das Buch sehr praxisorientiert gestaltet ist, werden Sie auch viele Ansatzpunkte für Lösungen finden. Viel Erfolg beim Knacken der Nuss.

Brigitte Haberda

Was ist Kinesiologie?

Das Wort **Kinesiologie** hat seinen Ursprung im griechischen Wort **„kinesis“**, das Bewegung bedeutet. Kinesiologie kann man am besten mit **Lehre von der Bewegung** übersetzen.

Die Kinesiologie hat sich aus der chiropraktischen Arbeit von **Dr. George Goodheart** entwickelt. 1964 veröffentlichte er seine ersten Erkenntnisse über das Testen von Muskeln und nannte die Art dieser Untersuchung **„Applied Kinesiology“.** Heute versteht man unter Angewandter Kinesiologie einen Sammelbegriff oder Oberbegriff für die zahlreichen unterschiedlichen Richtungen und Anwendungsgebiete der Kinesiologie, die sich aus diesem ursprünglichen Ansatz entwickelt haben.

Edu-Kinestetik ist eine dieser Richtungen. **Dr. Paul Dennison** entwickelte sie aus den Grundlagen der Applied Kinesiology, aus Touch For Health und der Legasthenieforschung.

Edu steht als Abkürzung für das lateinische Wort **educare,** das lehren, ausbilden, herausziehen bedeutet.

Edu-Kinestetik beschäftigt sich mit **Lernen durch Bewegung** oder **Lernen über Bewegung.** Menschen aller Altersstufen haben durch Bewegungsübungen und Bewegungsstrukturierung die Möglichkeit, alle im Körper vorhandenen Potentiale und Fähigkeiten auszuschöpfen. Dieses Bewegungsprogramm wird als **Brain-Gym** oder **Lerngymnastik** bezeichnet.

Paul Dennison hat viele dieser Übungsfolgen nicht selbst erfunden. So ist die Wirksamkeit der Überkreuzbewegung für die Aktivierung des Gehirns schon mehr als hundert Jahre bekannt, Doman und Delacato setzten Variationen davon mit viel Erfolg in ihren Lernprogrammen ein. Auch in der Heilpädagogik und der Optometrie wurde Paul Dennison in Bezug auf Übungen fündig. Teilweise konnte er die Übungsfolgen übernehmen, andere formte er neu oder entwickelte sie weiter. In Verbindung mit neu entwickelten Übungen wurde daraus ein Programm, das für die Arbeit mit Lernproblemen eine große Unterstützung darstellt.

Sicherlich bringt schon allein das Durchführen dieser Übungen einen gewissen Erfolg, da eine Koordination von Augen, Ohren, Körper- und Gehirnhälften erreicht wird. Dadurch wird der Zugang zu einem ganzheitlichen Lernen ermöglicht und die Lernfähigkeit wesentlich verbessert.

Besonders wirkungsvoll sind sie hingegen, wenn sie auf Grund von pädagogischem Wissen in spezifische Lernprogramme eingebunden sind und mit dem Kind eine Balance durchgeführt wurde. Mit Balancen können Kinesiologen Blockaden öffnen und so alle Körpersysteme für eine optimale Wirksamkeit der Übungen vorbereiten.

Eine Auswahl der Programme und eine Reihe von zusätzlichen Unterstützungsmöglichkeiten finden Sie in diesem Buch. Auf Grund von genau beschriebenen Analysekriterien wird es Ihnen möglich sein, einige Blockaden bei Ihren Kindern selbst aufzuspüren und Hilfsmaßnahmen einzuleiten.

In den Lernstudios, die nach meinen Programmen arbeiten, werden Lernblockaden nach einem von mir entwickelten Analysecheck aufgespürt und nach ihrer Priorität gereiht. Neben einer auf diesem Check aufbauenden individuellen kinesiologischen Förderung wird auch der konventionelle Nachhilfeunterricht auf die Testergebnisse abgestimmt. Zusätzlich unterstützen eine Reihe von Hilfsmitteln auf spielerische Art die Förderung der Kinder.

Ursachen von Lernstörungen

Meistens haben Lernstörungen verschiedene Ursachen, deren genaue Abgrenzungen gar nicht so einfach sind, da sie ineinander übergehen. Im Gegensatz zu den leicht erkennbaren Symptomen (Rechtschreibschwäche, unleserliche Schrift, holpriges Lesen) liegen diese Ursachen meist eine oder mehrere Entwicklungsstufen tiefer. Das kann im **strukturellen, biochemischen oder mentalen Bereich** sein.

mentaler Bereich
Einstellungen, Gedanken,
Fokussierung

biochemischer Bereich
Ernährung, Alltagsaktivitäten
(Computerspiele, Fernsehen)

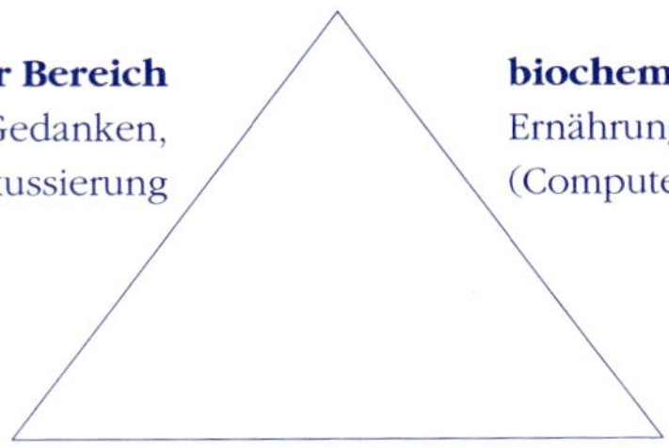

struktureller Bereich
Haltungsschäden, fehlende Integration der Gehirnhälften,
fehlende Hand-Augen-Koordination,
Probleme im visuellen Bereich

Häufig finden wir die Gründe von Lernschwierigkeiten auf der **strukturellen Ebene;** in einer mangelnden Integration der Hemisphären, einer fehlenden Hand-Augen-Koordination, einer nicht abgeschlossenen Ausbildung der Sinnessysteme. Behebt man diese Defizite, schafft man die **strukturellen Voraussetzungen fürs Lernen.** Erst dann kann sinnvoll an den Symptomen, zum Beispiel der Rechtschreibung, gearbeitet werden.

Diese Defizite in Teilleistungsbereichen entstehen, wenn Kinder verschiedene Entwicklungsstufen nicht in der erforderlichen Intensität durchleben, und sind oft lange Zeit nicht erkennbar, da sie von Kompensationsmodellen überlagert werden. Oft werden sogar erst in der Schule, wo auf Grund von Lernprozessen gerade diese Bereiche angesprochen werden, Mängel erkennbar.

Positiv ist, dass auch jetzt noch wirkungsvoll an diesen Defiziten gearbeitet werden kann, wenn sie erst einmal erkannt wurden. So öffnen sich für den Schüler Potentiale, die er bisher nicht zur Verfügung hatte, und das Lernen fällt ihm leichter.

Auch im **biochemischen** Bereich, zu dem auch die Ernährung zählt, liegen große Reserven. Um sie zu öffnen, muss nicht immer gleich der gesamte Speiseplan umgestellt werden. Schon die Beachtung einiger Punkte zeigt unterstützende Wirkung.

Das Genießen von Zucker in großen Mengen ist bekanntlich nicht gerade gesundheitsfördernd. Nur, viele Kinder naschen eben sehr gerne. Ständige Ermahnungen und Verbote sind für alle Beteiligten zermürbend. Ein- bis zweimal pro Woche einen zuckerfreien Tag einzuführen hat sich hingegen als Alternative sehr bewährt. An diesem Tag wird bewusst auf jeden Zuckerkonsum verzichtet. Was nur halb so schwer fällt, wenn das Kind weiß, dass es die Schokolade oder das Bonbon am nächsten Tag essen darf.

Dass im **mentalen Bereich** große ungenützte Potentiale liegen, ist hinlänglich bekannt. Sie zu öffnen ist oft sehr schwierig, da sie von der unterbewussten und unbewussten Ebene beeinflusst werden. Oft reicht es, nur seine Einstellung zu ändern, um mehr leisten zu können. Das möchte ich Ihnen gleich anhand eines praktischen Beispiels demonstrieren.

Stellen Sie sich mit leicht gegrätschten Beinen hin und strecken Sie beide Arme seitlich weg. Während die Füße auf der gleichen Stelle bleiben, drehen Sie den Oberkörper zusammen mit den beiden ausgestreckten Armen so weit Sie können nach rückwärts. Fixieren Sie nun über einem nach oben gestreckten Finger einen Punkt und merken Sie sich diesen.

Drehen Sie den Oberkörper jetzt wieder in die Ausgangslage, lassen Sie die Arme entspannt herunterbaumeln und schließen Sie die Augen. Stellen Sie sich nun vor, Ihr Oberkörper könne frei am Unterkörper rotieren, gleich der Funktion eines Kugellagers. Sehen Sie das Bild des frei rotierenden Oberkörpers vor sich und fühlen Sie die Beweglichkeit.

Nehmen Sie nun wieder die Ausgangsposition ein und starten Sie den Versuch zum zweiten Mal. Wieder fixieren Sie über einem Finger einen Punkt . . .

Was konnten Sie beobachten? Diesmal konnten Sie den Oberkörper viel weiter aufdrehen? Sie sehen, was eine geänderte Vorstellung vermag.

Unsere Aufgabe ist es, so wie in dem eben beschriebenen Beispiel, Schülern eine andere Vorstellung von sich und ihren Möglichkeiten zu geben. Auf Grund ihrer Lernblockaden wurde ihnen sehr oft vermittelt, dass sie zu dumm zum Lernen seien und den Anforderungen in keinem Fall gerecht werden könnten. Das Selbstbild, das sie auf Grund dieser Erfahrungen entwickeln, steuert ihr weiteres Lernverhalten. Und obwohl diese Kinder ihr Bestes geben, scheitern sie in den meisten Fällen, selbst wenn sie zusätzliche Unterstützung erfahren. Da sie keine Erklärung dafür haben, resignieren sie schließlich und verweigern im Extremfall das Lernen völlig.

Diesen Schülern die Gründe aufzuzeigen, die ihre Lernschwierigkeiten verursachen, hilft ihnen, eine andere Einstellung hinsichtlich ihrer Lernproblematik zu finden. Sie sehen sich nicht mehr länger global als zu dumm zum Lernen an, sondern sind sich einer ganz bestimmten Schwäche bewusst, die sie mit gezielter Arbeit beseitigen können. Ihr Selbstwertgefühl hebt sich, und auch ihr Selbstvertrauen wird größer. Damit haben sie weit bessere Voraussetzungen, um Aufgaben in Angriff zu nehmen.

Damit eine gezielte Arbeit erfolgen kann, möchte ich in der Folge auf einige Gründe für Lernschwierigkeiten genauer eingehen und auch immer gleich Hilfsmöglichkeiten anbieten.

Die Praxis für zu Hause

Die folgenden Seiten dieses Kapitels bieten Ihnen einen Überblick über das praktische, einfache Umsetzen der in der Folge angebotenen Programme.

In den einzelnen Bereichen werden für die Kinder Übungsprogramme, aber auch lustbetonte, kreative Spiele angeboten, die es erleichtern, die Lerndefizite zu überwinden, und die mehr Freude am Lernen schaffen. Alle Spiele und Programme können für den eigenen Gebrauch kopiert werden.

Zu den neun wichtigsten Problemkreisen beim Lesen und Schreiben bietet das Buch als Schwerpunkt jeweils Übungsprogramme, die aus einem Grundprogramm – der Erklärung der entsprechenden kinesiologischen Übungen –, einer Kinderseite und einem Monatsplaner bestehen.

Auf der ersten Seite sind die einzelnen Übungen abgebildet, mit den Erklärungen dazu und der Angabe der Mindestübungsdauer.

Auf der nächsten Seite – ich nenne sie „Kinderseite“ – können die Kinder den Übungen eigene Namen geben, die Bilder anmalen und andere Aktivitäten durchführen.

Die dritte Seite ist die „Elternseite“, auf der einerseits die Wirkungen der einzelnen Übungen beschrieben werden und andererseits der Monatsplaner für die konsequente und erfolgreiche Umsetzung des Programms sorgt.

Konsequentes Üben bringt den Erfolg

Die Kinder machen die Übungsfolgen und sie achten dabei auch auf die richtige Ausführung, von dieser Tatsache gehen wir aus. Jetzt gilt es, sie über einen längeren Zeitraum bei der Stange zu halten. Zu diesem Zweck haben wir den Monatsplaner entworfen.

Beispiel eines ausgefüllten Monatsplaners

Um den Monatsplaner öfter verwenden zu können, kopieren Sie ihn bitte vor dem Ausfüllen und tragen Sie dann Ihre Beobachtungen ein.

Jeden Tag, nach dem Durchführen des Übungsprogramms, erfolgt im vorgesehenen Feld eine Eintragung, indem das Feld abgehakt, ein Symbol eingezeichnet oder das Feld einfach ausgemalt wird. Es bietet sich auch das Einkleben von Sternchen oder kleinen Stickern an. Wichtig ist es, auf diese Weise eine Kontrolle über die tägliche Durchführung zu bekommen.

Wann ist der richtige Zeitpunkt für die Übungen?

Im Idealfall soll die Übung zweimal täglich durchgeführt werden. Zum ersten Mal am Morgen vor der Schule und zum zweiten Mal vor dem Schreiben der Aufgabe. Wobei einmal Üben absolute Pflicht ist.

Nun zur Praxis. Als zweifache Mutter sind mir morgendliche Aufstehkämpfe ein Begriff. Ich hörte zwar immer von Kindern, die morgens bereits frisch und fröhlich im Bett sitzen, wenn es Zeit zum Aufwecken ist. Meine gehörten nicht dazu, vielmehr wurde da um jede Minute, um nicht zu sagen um jede Sekunde, gegeizt. Dementsprechend war die Zeit am Morgen begrenzt. Ich kann mir gut vorstellen, dass auch andere Eltern mit dieser Problematik zu kämpfen haben.

Aber wenn schon nicht ein gesamtes Grundprogramm gemacht werden kann, für zwei, drei Übungen ist sicher Zeit, und die sollten auch in jedem Fall durchgeführt werden. Der Rest kann vor den Hausaufgaben absolviert werden.

Mit dem regelmäßigen Ausführen des Übungsprogramms hebt sich das Energieniveau, was sich auch auf die Morgenrituale sehr positiv auswirkt.

Animation der Kinder

Vor der Präsentation des ersten Übungsprogramms möchte ich ein paar Tipps zur Animation der Kinder geben. Meistens haben Kinder mit Lernschwierigkeiten schon einige Versuche hinter sich, von denen sie sich eine Verbesserung ihrer Schulleistungen erhofft haben. Der Erfolg all dieser Bemühungen steht dabei in der Mehrheit der Fälle nicht im Einklang mit dem Aufwand. Nun wird ihnen wieder eine Möglichkeit präsentiert. Noch dazu eine, die über einen längeren Zeitraum hindurch konsequent durchgehalten werden muss. Erschwerend kommt noch dazu, dass es den Schülern selbst in den wenigsten Fällen ein Anliegen ist, ihre Schulleistungen zu verbessern. Mehrheitlich stehen die Eltern hinter diesen Wünschen.

Meiner Meinung nach ist es sehr wichtig, die Kinder gleich von Anfang an vom Erfolg dieser Übungsreihen zu überzeugen. Sie müssen nach dem Durchführen einer Übung am eigenen Körper eine Veränderung spüren. Für diese Demonstration bietet sich die Fußpumpe an, jedoch soll sie zunächst nur mit einem Fuß durchgeführt werden, damit ein Unterschied zu fühlen ist.

Das Kind setzt sich auf einen Sessel und legt das linke Bein über das rechte Knie. Mit dem linken Daumen wird der weiche Punkt unter der Kniekehle gedrückt, der rechte Daumen drückt den Punkt am Ende der Wade. Nun wird der Fuß auf- und abbewegt. Dann Beinwechsel; die Übung mit jedem Bein 1 bis 2 Minuten durchführen.

Die beiden Beine, das bewegte und das zunächst nicht bewegte, sollen nun locker nebeneinander gestellt werden und das Kind soll auf sein Körpergefühl achten, wobei dieser Vorgang durch gezielte Fragen unterstützt werden kann:

„Fühlst du einen Unterschied zwischen den beiden Füßen?“

„Wie fühlt sich das eine Bein an, wie das andere?“

„Mit welchem Bein wirst du besser Fußball spielen, Ballett tanzen, laufen können?“

Kinder und Erwachsene fühlen sehr gut den Unterschied. Der eine Fuß kommt ihnen locker und leicht vor. Der andere hingegen so, als würde er in einem Betonblock stecken. Mit diesem Beitrag für sportliche Aktivitäten ist das Interesse der Schüler einmal geweckt. Noch dazu, da es ihnen in den meisten Fällen wirklich ein Anliegen ist, sich bei diversen sportlichen Aktivitäten zu verbessern.

Im Anschluss daran kann darauf hingewiesen werden, dass es auch für die Körperbereiche, die fürs Lernen wichtig sind, entsprechende Übungen gibt.

Musik unterstützt das Durchführen der Übungen

Eine entsprechende Musik animiert zum Bewegen und stellt eine gute Unterstützung dar. Aus diesem Grund sollten Sie die Übungsprogramme musikalisch untermalen, möglichst nur instrumental.

Richtige Ausführung ist wichtig

Ist das Kind bereit, die Übungsfolge durchzuführen, gilt es, auf die richtige Durchführung zu achten. Die Übungen sind zwar sehr einfach, aber bestimmte

Kriterien müssen unbedingt beachtet werden, damit sich ein voller Erfolg einstellen kann.

Zum Beispiel sollten die Überkreuzbewegungen auch tatsächlich als Mittellinienbewegung ausgeführt werden. Der rechte Ellbogen soll durch eine Drehung des Oberkörpers über die Körpermittellinie in Richtung linkes Knie geführt werden. Die andere Hand schwingt dabei locker nach rückwärts und soll nicht in einer verkrampften Haltung an den Oberkörper gepresst werden.

Diese Drehbewegung des Oberkörpers fällt manchen Kindern sehr schwer. Leichter ist es für sie, den Oberkörper nach vorn zu neigen, die Unterarme anzuwinkeln und in dieser starren Haltung zu verweilen. Die Knie führen sie dann zu den angewinkelten Armen. Bei dieser Ausführung wird die Übung nicht ihre volle Wirkung entfalten können.

Niedriges Energieniveau

„Heute habe ich keine Energie“, hört man bisweilen Menschen sagen. Was wollen sie damit ausdrücken? Fühlen sie sich müde, schlapp und haben an keiner Tätigkeit Freude?

Energie ist die **Fähigkeit, Arbeit zu verrichten,** lautet die physikalische Definition zum Energiebegriff. Auf eine ausreichende Menge Energie Zugriff zu haben ist demnach eine Voraussetzung, um überhaupt effizient arbeiten zu können.

Jeder Mensch besitzt **100 %** an **Energie,** von dieser Tatsache können wir ausgehen. Fraglich ist immer nur, wie viel er davon zur Verfügung hat, da aus verschiedenen Gründen Blockaden auftreten können. Auch im Fall eines niedrigen Energieniveaus können sie mehrheitlich den bereits erwähnten Bereichen **strukturell, biochemisch** und **mental** zugeordnet werden.

Zu Blockaden im **strukturellen Bereich** zählen zum Beispiel verspannte Muskeln oder Fehlhaltungen. Leider werden immer früher und in letzter Zeit auch vermehrt Haltungsstörungen bei Kindern festgestellt, was unter anderem auf Bewegungsmangel zurückzuführen ist.

Dem **biochemischen, ökologischen Bereich** werden die Ernährung, die Einnahme von Zusatzstoffen, die Umweltfaktoren und Alltagsaktivitäten zugeordnet.

Allein über die Ernährungsgewohnheiten unserer Schulkinder könnte ich seitenlang Erfahrungen aufzählen. Da taucht zum Beispiel das Bild Eis essender Kinder vor mir auf, die am Morgen mit der Eistüte in der Hand die Schule betreten. Manchmal war es für diese Kinder das erste Essen am Tag, das sie mit dem für ihr Vesper gedachten Geld finanzierten.

Und wie ist es um die Alltagsaktivitäten bestellt? Bei einer Befragung fällt den Kindern außer Fernsehen und Computerspielen oft gar nichts mehr ein. Diese Art der Freizeitgestaltung hat bei einigen schon sehr früh eingesetzt und altersgemäßes Spielverhalten verdrängt, wie es das Spielen mit Bauklötzen und Legosteinen darstellt. Nur die Eroberung des dreidimensionalen Raumes ist eine Voraussetzung für die Arbeit im zweidimensionalen, wo Lernen vorwiegend stattfindet.

Auch in diesem Fall gilt die Devise, dass es nie zu spät ist, Versäumtes nachzuholen. Schulkinder werden zwar nicht mehr für das Spielen mit Bauklötzen zu begeistern sein, dafür aber, um ein Beispiel herauszugreifen, für Ballspiele jeder Art. Beginnend beim Zuwerfen und Fangen eines Balles bis zu

Mannschaftsspielen wie Abschießen, Völkerball, Volleyball oder Fußball. In spielerischer Form werden dabei neben der Erfahrung des dreidimensionalen Raumes auch Körperkoordination, der visuelle Bereich und Hand-Augen-Koordination mittrainiert. So gesehen bekommen die Turnstunden neben dem körperlichen Aspekt für das gesamte Lernen einen anderen Stellenwert und dürfen in keinem Fall reduziert werden. Noch dazu, da es vor allem Stadtkindern heute zum Teil unmöglich ist, diese Bereiche am Nachmittag in Eigenregie abzudecken.

Viele Energieblockaden finden sich, wie bereits erwähnt, im **mentalen Bereich.** Sie werden durch bewusste und unbewusste Gedanken, Überzeugungen, Einstellungen und Gefühle aufgebaut. Ohne auch nur einen einzigen Blick auf die Aufgabenstellung zu werfen, erklären viele Schüler sofort: „Das kann ich sowieso nie!"

Ist das Energieniveau sehr niedrig, stellt jede Anforderung an den Schüler einen Stressfaktor dar. Mit einem Beispiel aus dem Schulalltag möchte ich diese Darstellung genauer erörtern.

Jede Tätigkeit erfordert Energie

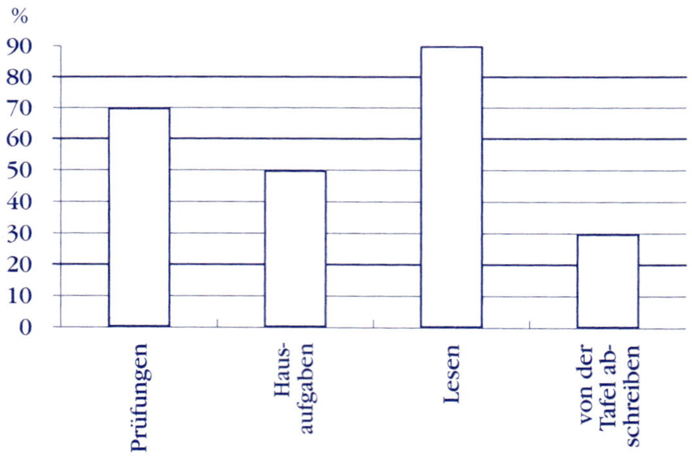

Hat der Schüler nur 20 % seiner Energie zur Verfügung, empfindet er bei jeder Aktivität Stress, jede Arbeit bereitet ihm Mühe. Er nörgelt, trödelt herum und besitzt einfach nicht genug Energie, um die Aufgaben überhaupt in Angriff zu nehmen.

Die Erhöhung seines Energieniveaus schafft ihm andere Voraussetzungen. Hat er 60 % seiner Möglichkeiten zur Verfügung, wird sowohl das Schreiben der Hausaufgabe als auch das Abschreiben von der Tafel nicht mehr als stressvoll empfunden. Nur noch das Lesen und die Ausführung der Hausaufgabe stellen für das Kind eine Anstrengung dar. Bei 80 % stellt nur noch das Lesen eine Belastung dar, alle anderen Anforderungen werden eher als Herausforderung gesehen. **Der Schüler wird seine Aufgaben mit viel mehr Freude in Angriff nehmen.**

Wasser als Energiespender

Bevor ich noch die einzelnen Übungen des Grundprogramms zum Heben des Energieniveaus anführe, möchte ich eine Übung besonders herausheben. Sie sollte jedes Aktivierungsprogramm begleiten und auch noch zwischendurch am Tag ausgeführt werden – **das Wassertrinken.**

Je mehr Stress wir ausgesetzt sind und je größer die körperliche Anstrengung ist, desto mehr Wasser muss dem Körper zugeführt werden, damit alle Systeme gut funktionieren können. Modellhaft können wir unser Nervensystem als Kombination eines elektrischen und eines hydraulischen Systems sehen. Beide Systeme brauchen, um ihre volle Funktionsfähigkeit aufrechtzuerhalten, ein Medium, und das ist **Wasser.**

Wasser ist bekanntlich ein ausgezeichneter Leiter für elektrische Energie. Auch in die Autobatterie wird Wasser eingefüllt, damit sie funktionstüchtig bleibt. Sinkt der Flüssigkeitspegel unter eine bestimmte Marke, kann die Batterie nicht mehr richtig arbeiten. Diesen Vergleich bringe ich Kindern oft, wenn ich sie zu mehr Wassertrinken animieren möchte.

Auch die Aktivität unseres Gehirns und des Zentralnervensystems ist von einer guten Leitung winziger elektrischer Ströme abhängig. Die gesamte visuelle, auditive und kinästhetische Wahrnehmung wird in elektrische Signale umgewandelt und an das Gehirn weitergegeben. Die Verarbeitung der eingehenden Informationen und die daraus resultierenden Reaktionen basieren ebenfalls auf einer guten elektrischen Leitfähigkeit.

Bei einer Versuchsreihe im Institut für Bioenergetik und Feedbackforschung, die ich zusammen mit Frau Steiner durchgeführt habe, konnten wir bereits durch Trinken von Wasser eine Veränderung des Gehirnpotentials feststellen.

Versuchsdaten

Zeit	PotLI	PotRE	Puls
Beginn	– 91,8	– 13,7	77
nach 4 Minuten	– 80,1	– 41,0	64
nach 8 Minuten	– 77,1	– 52,7	62

PotLI = Potential linke Gehirnhälfte
PotRE = Potential rechte Gehirnhälfte

Das Potential der linken und rechten Hemisphäre, das zu Beginn der Versuchsreihe einen auffallend unterschiedlichen Wert aufzeigte, begann sich während des Wassertrinkens auszugleichen. Eindrucksvoller und objektiver kann die Bedeutung des Wassertrinkens kaum dargestellt werden.

Und wie ist es um die Trinkgewohnheiten unserer Schüler bestellt? Frage ich nach ihrem täglichen Wasserkonsum, erhalte ich von Kindern oft erschreckende Antworten. Manche haben förmlich verlernt, Wasser zu trinken. Leider wird auch in vielen Schulen dem Bedürfnis mancher Kinder nach Wassertrinken nicht entsprochen. Als praxisgeprüfte Lehrerin habe ich selbst einige nicht so glückliche Versuche hinsichtlich Wassertrinkens während des Unterrichts absolviert, bis ich endlich eine brauchbare Lösung in dieser Angelegenheit gefunden hatte, und zwar in Form von Fahrradflaschen. Sie sind in Sportgeschäften sehr billig zu erwerben und ich habe gleich für alle meine Schüler solche gekauft. Am Beginn des Schultages und in den Pausen konnten die Kinder ihre Flaschen auffüllen und jederzeit daraus trinken. Fiel eine dieser Flaschen um, gab es keine lästige Überschwemmung, und auch die Trinkkarawanen während des Unterrichts gehörten damit der Vergangenheit an. Erwähnen möchte ich im Zusammenhang mit dieser Praxiserfahrung noch, dass man sich auch Wassertrinken angewöhnen kann, was sich in einem veränderten Trinkverhalten unserer Kinder sehr bald zeigte.

Grundprogramm zum Heben des Energieniveaus

AUFWECKER

Zeige- und Mittelfinger einer Hand berühren den Nabel; Daumen, Zeige- und Mittelfinger der anderen Hand massieren unterhalb des Schlüsselbeins.

Dauer: 1 Minute

ÜBERKREUZ-BEWEGUNG

Mit dem linken Ellbogen das rechte Knie berühren und umgekehrt.

Dauer: mindestens 1 Minute

BLITZABLEITER

Zeige- und Mittelfinger einer Hand massieren sanft das Steißbein oder den Nabel. Zeige- und Mittelfinger der anderen Hand rubbeln oberhalb der Oberlippe, dann unterhalb der Unterlippe. Tief atmen und Handwechsel.

Dauer: je 1 Minute

DENKMÜTZE

Die Ränder beider Ohren mit Daumen und Zeigefinger sanft von innen nach außen ziehen. Am oberen Rand des Ohres beginnen - bis zum Ohrläppchen.

Dauer: 15-mal

COOK IM SITZEN

Rechtes Bein über linkes Knie. Linke Hand greift auf den rechten Außenknöchel, rechte Hand umfasst den rechten Fußballen (1Minute). Dann gerade sitzen, Fingerspitzen berühren einander (1 Minute). Beinwechsel.

COOK IM LIEGEN

Beine überkreuzen, Arme ausstrecken, Handrücken berühren einander, dann kreuzen und Finger verschränken und mit einer Drehung zur Brust bringen, dann entkreuzen, Fingerkuppen berühren einander.

Dauer: 1 Minute

Kinderseite

Programm zum Heben des Energieniveaus

Auf dieser Seite kannst du Bezeichnungen für die Übungen finden und hineinschreiben und die Bilder anmalen.

Grundprogramm zum Heben des Energieniveaus

Wirkung der Übungen

Aufwecker: Zusammenschalten beider Gehirnhälften; gegen Müdigkeit und Lustlosigkeit

Überkreuzbewegung: Beide Gehirnhälften werden gleichzeitig stimuliert; Raumbewusstsein, plastisches Sehen, besseres Lernen

Blitzableiter: behebt Anspannung und innere Unruhe, mindert überaktives Verhalten und steigert die Konzentration

Denkmütze: Aufmerksamkeit wird gesteigert, Gedächtnis wird aktiviert

Cook im Sitzen und im Liegen: fördert Aufmerksamkeit, Entspannung, Selbstwertgefühl, Koordination

Nur das Durchführen dieser Übungen soll das Energieniveau bereits erhöhen? Ja, aber nur kurzfristig. Das bestätigte eine Versuchsreihe im Institut für Bioenergetik und Feedbackforschung. Für eine anhaltende Verbesserung muss dieses Programm über einen Zeitraum von drei bis vier Wochen *täglich* durchgeführt werden. Nach diesem Zeitraum werden Veränderungen Schritt für Schritt sichtbar.

Wie erkennt man bei Schülern ein niedriges Energieniveau? Bei manchen kann man es schon alleine aus der Körperhaltung und der Körpersprache ablesen – wie bei Thomas und Michael, die ich im Rahmen einer Lernberatung kennen lernte.

Thomas kam auf Grund seiner umfangreichen Lernschwierigkeiten zur Beratung. Kaum von der Schule zu Hause, verschwand er täglich völlig erschöpft für eine Stunde im Bett, wo er meistens sofort einschlief. Heute, nach einigen Wochen kinesiologischer Betreuung, verbringt er diese Zeit spielend oder lesend, das Bedürfnis sich niederzulegen verspürt er nicht mehr.

Michael hingegen wurde mir als faul vorgestellt. Er brauche ewig, um überhaupt mit den Aufgaben anzufangen, meinte die Mutter. Ein Test brachte auch bei ihm ein extrem niedriges Energieniveau zutage. Offensichtlich raubte ihm schon allein der Gedanke an seine Aufgaben den letzten Rest an Energie und er konnte sich kaum dazu aufraffen, mit den Arbeiten zu beginnen. Nach einigen Wochen war die sogenannte Faulheit verschwunden. Die ganze Familie atmete erleichtert auf.

Andere Kinder kompensieren und zeigen zum Teil ein gegensätzliches Verhalten. Sie sind hyperaktiv. Bei solchen Kindern ist man als Lehrer immer versucht, dämpfend zu wirken und sie ruhig zu stellen; dabei ist genau das die falsche Hilfe. Auf Grund vieler Fälle aus meiner Praxis möchte ich behaupten, dass gerade diese Kinder ein sehr niedriges Energieniveau haben und dass in vielen Fällen zusätzlich ein Defizit im Bereich der taktilen Sinne zu beobachten ist. Diese Kinder spüren sich selbst nicht.

Gerade das taktile System wird als Vater der Sinne bezeichnet. Beim menschlichen Embryo erwacht der Tastsinn bereits nach sechs Wochen (bei kaum mehr als *einem* Zentimeter Größe). Eine leichte Berührung löst in dieser Zeit einen starken Fluchtreflex aus, Hals und Oberkörper biegen sich nach rückwärts.

Abgesehen von der frühen Entwicklung kann man die Bedeutung des taktilen Systems nicht genug hervorheben. Die taktile Oberfläche kann als Schnittstelle zwischen Körper und Welt angesehen werden und bietet dem

Individuum die Möglichkeit, sich selbst zu spüren. Erst wenn man sich selbst spüren kann, hat man die Möglichkeit, andere und anderes wahrzunehmen.

Kinder mit Defiziten im taktilen System spüren sich selbst nicht. Ständig brauchen sie äußere Reize, um sich selbst überhaupt wahrnehmen zu können. Sie schaukeln im Sessel, zappeln beim Sitzen unruhig hin und her und können den Weg vom Sitzplatz bis zur Tafel selten zurücklegen, ohne einigen Mitschülern dabei auf den Rücken zu klopfen. In den Pausen rangeln sie und sind ständig – natürlich völlig unschuldig – in sämtliche Raufereien verwickelt.

Bei besonders auffälliger Hyperaktivität werden in medizinischen Behandlungen teilweise Weckamine (Aufwecker) eingesetzt.

Eine Erhöhung des Energieniveaus bringt diesen Kindern große Fortschritte, was durch ein „Füttern" der Sinnessysteme noch weiter unterstützt werden kann. Auch Sinne brauchen Nahrung in Form von Sinnesreizen, um sich entwickeln zu können.

Für das Aktivieren des taktilen Systems empfiehlt sich „Kraftdrücken" in Form von Armdrücken oder Fingerhakeln, das als Hahnenkampf auf den ganzen Körper ausgedehnt werden kann. Aber auch Seilziehen eignet sich sehr gut, um diesen Kindern ein besseres Körpergefühl zu vermitteln. Können diese Kinder ihre Grenzen körperlich erfahren, zeigen sie weniger Verhaltensauffälligkeiten. Je unterschiedlicher die Arbeitsmittel sind, desto mehr Stimulierung erhalten die taktilen Sinne. Dieses Wissen sollte nach Möglichkeit in jeden Lernprozess integriert werden.

Die Arbeit mit Fingerfarben, Gips, Ton und Knetmassen bietet sich dafür genauso an wie der Einsatz von Schnüren, Wolle, Sandpapier. Bei genügend vorhandenem Mut und Experimentierfreude stehen noch eine Reihe von anderen Möglichkeiten, wie zum Beispiel Rasierschaum, zur Verfügung.

Mangelnde Funktionslust

Unter Funktionslust verstehe ich die Freude am Lernen, an dem Prozess selbst. Zwar ist das *Ergebnis* nach wie vor von Bedeutung, aber nicht mehr ausschließlich.

Diese Funktionslust ist vielen unserer Kinder in Bezug auf das Lernen verloren gegangen. Sie lernen nicht mehr aus Freude am Lernen, sondern aus vielen anderen Gründen. Zum Beispiel für die Geldprämien, die ihnen für gute Noten versprochen werden und die in manchen Fällen eine unglaubliche Höhe erreichen. Der Lernvorgang wird in diesem Fall als lästiges Übel, ja als Hindernis empfunden, das es zu überwinden gilt, damit man an den Geldsegen kommt.

Beginnt man eine Tätigkeit schon völlig lustlos, dann stellt sich der Erfolg in den seltensten Fällen in seinem ganzen Umfang ein. Machen wir eine Tätigkeit gerne, so bringen uns auch kleine Rückschläge nicht aus der Fassung. Ganz im Gegenteil, sie können uns zu vermehrter Anstrengung anspornen. Diese Grundhaltung gilt es wieder vermehrt in den Lernprozess zu integrieren, denn Lernen kann wirklich interessant und lustbetont sein.

Um das ein wenig genauer auszuführen, möchte ich an das bereits zitierte Beispiel vom Einmaleins-Lernen anknüpfen und einige Übungsformen aufzeigen, die dem Prinzip der Funktionslust entsprechen.

1×1 Memory

Man bereitet für jede „Malreihe“ 20 Kärtchen vor. Davon sind 10 „Malkärtchen“ und 10 Ergebniskärtchen.

Alle zwanzig Kärtchen werden verkehrt auf den Tisch gelegt. Jeder Spieler darf nun abwechselnd zwei Kärtchen umdrehen. Er prägt sich das Malsätzchen oder das Ergebnis ein und legt die Kärtchen verdeckt an denselben Platz zurück. So werden nach und nach immer mehr Kärtchen identifiziert. Kann sich der Spieler erinnern, wo das Malsätzchen und das zugehörige Ergebnis liegen, darf er die beiden Kärtchen umdrehen und, falls er die richtigen erwischt hat, auch behalten. Es gewinnt der Spieler, der die meisten Paare gefunden hat.

Wird das Spiel gut beherrscht, können mehrere Malreihen gemischt werden.

Malkärtchen			Ergebniskärtchen	
1 × 4	2 × 4		4	8
3 × 4	4 × 4		12	16
5 × 4	6 × 4		20	24
7 × 4	8 × 4		28	32
9 × 4	10 × 4		36	40

Hindernisrennen

Neben der Vorlage benötigt man für das Spiel einen Würfel und für jedes Kind einen Spielstein. Diese werden zu Spielbeginn auf das Startfeld gestellt. Nach jedem Würfeln werden sie um die Würfelzahl weitergestellt. Kommt man

dabei auf ein Ergebnis zu stehen, kommt der nächste Spieler an die Reihe. Erwürfelt man ein Feld, auf dem ein Malsätzchen steht, muss man auf das entsprechende Ergebnisfeld ziehen. Das kann ein Vorteil, aber auch ein Nachteil sein. Wer zuerst bei 100 angelangt ist, hat gewonnen.

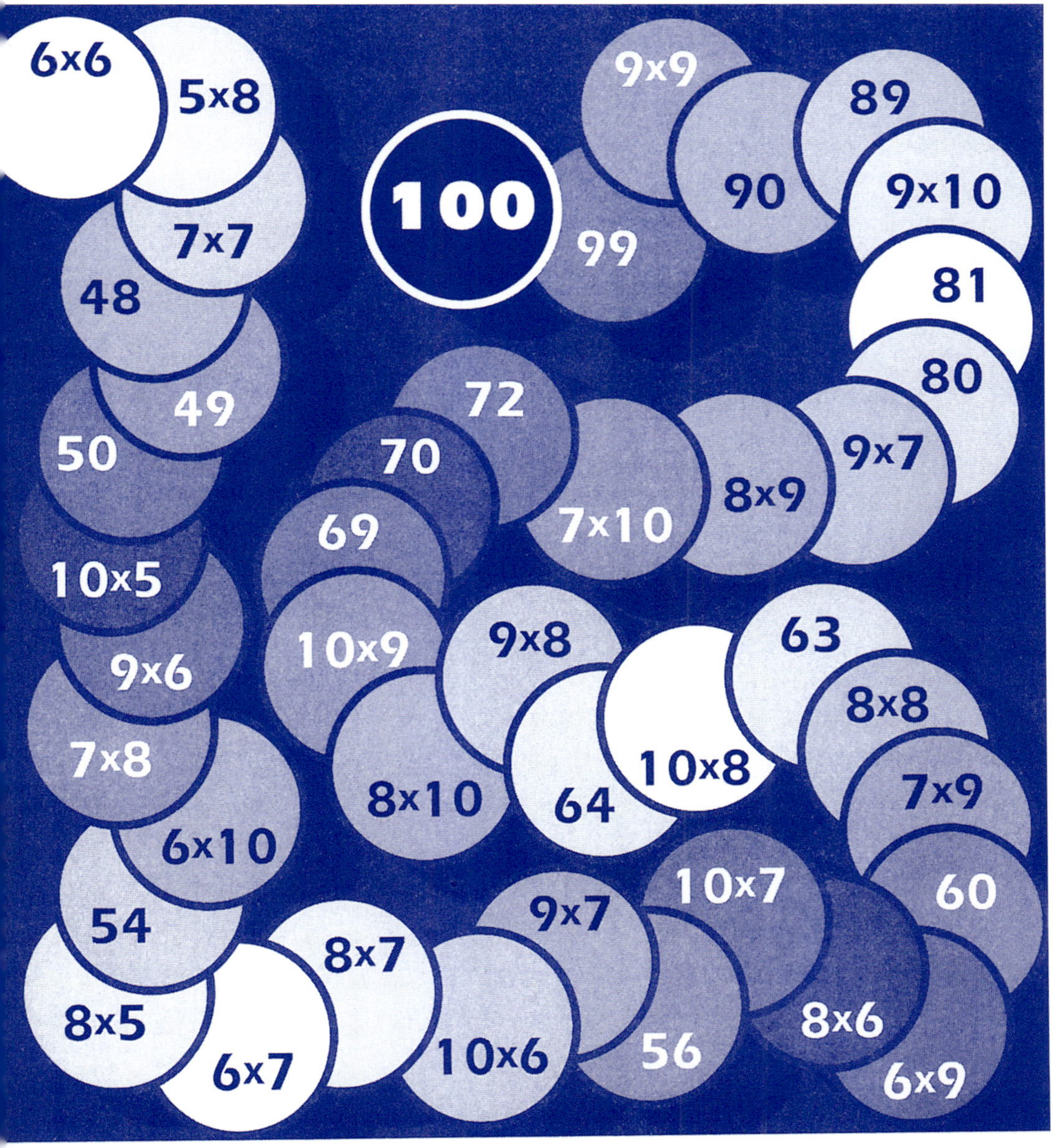

seinem Streifen hat, sagt laut die ganze Malrechnung mit dem Ergebnis und deckt die Ergebniszahl auf seinem Streifen ab. Wer als Erster alle Ergebniszahlen auf seinem Zettel abgedeckt hat, ruft laut Bingo.

18	9	36	25
54	21	27	24
16	40	5	63
10	81	42	14

Paare finden

Für jede Malreihe werden zwanzig Spielkarten benötigt. Auf zehn von ihnen stehen die Malsätzchen, auf den übrigen zehn die Ergebniszahlen. Zu Spielbeginn werden alle Spielkarten verteilt. Richtige Paare werden sofort abgelegt. Dann zieht jeder Spieler vom rechts sitzenden Mitspieler eine Karte und legt richtige Paare immer sofort ab, wie beim „Schwarzen Peter“.

1×1 Domino

Als Dominosteine dienen Kärtchen mit Malsätzchen und Ergebnis. Zu Beginn des Spieles liegen alle Kärtchen auf einem Stapel verdeckt. Ein Spieler nach dem anderen deckt ein Kärtchen auf und legt es an, wenn es passt. Unpassende Kärtchen werden offen abgelegt und können jederzeit mitverwendet werden. Es wird reihum weitergespielt, bis das Domino gelöst ist.

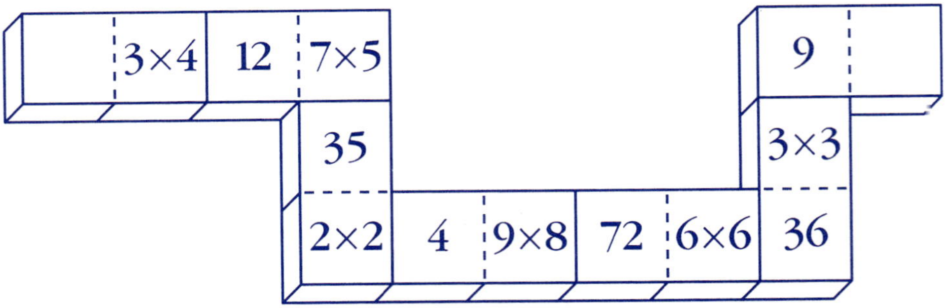

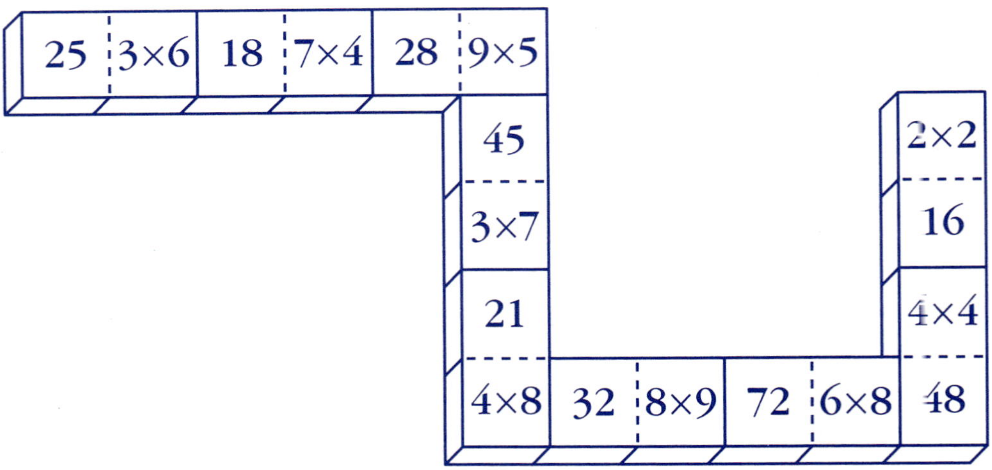

Nicht nur für Grundschüler, auch für andere Schulstufen gibt es Arbeitsblätter, die die Funktionslust fördern.

Katze und Mäuse!

Welche Maus fängt die Katze und wo? (Katze und Maus kommen sich näher als cm). Den Weg aller Tiere kannst du nachzeichnen!

Beispiel: Maus M_1 ändert nach der ersten Laufstrecke die Richtung zum bisherigen Weg um 90° nach links (l) und läuft dann 2 cm weit; also: 90° l, 2 cm.

M_1: 90° l, 2 cm; 135° r, 3 cm; 65° l, 4 cm; 60° r, 7 cm; 110° l, 4 cm; 20° r, 3,5 cm; 40° l, 3 cm; 145° r, 2 cm

M_2: 40° l, 3 cm; 30° r, 4 cm; 75° l, 5 cm; 140° r, 4 cm; 25° l, 4 cm; 35° r, 5 cm; 55° l, 2 cm; 115° l, 3 cm

Katze: 70° r, 7 cm; 75° l, 8 cm; 65° r, 6 cm; 45° l, 4 cm; 60° r, 5 cm

Aus Platzgründen sind hier die Abstände verkürzt, Zeichne dieses Fangspiel auf Papier und beachte, dass der Startpunkt für M_1 vom oberen Strich 14 cm, für M_2 12,3 cm und für die Katze 16,8 cm entfernt sein muss.

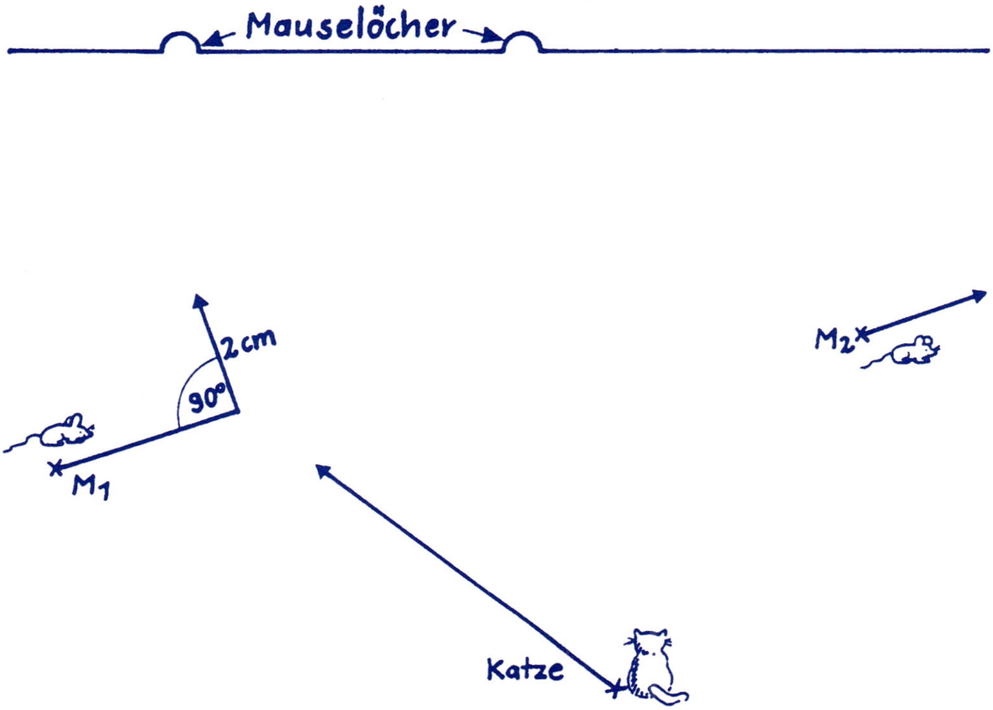

Lösungen:

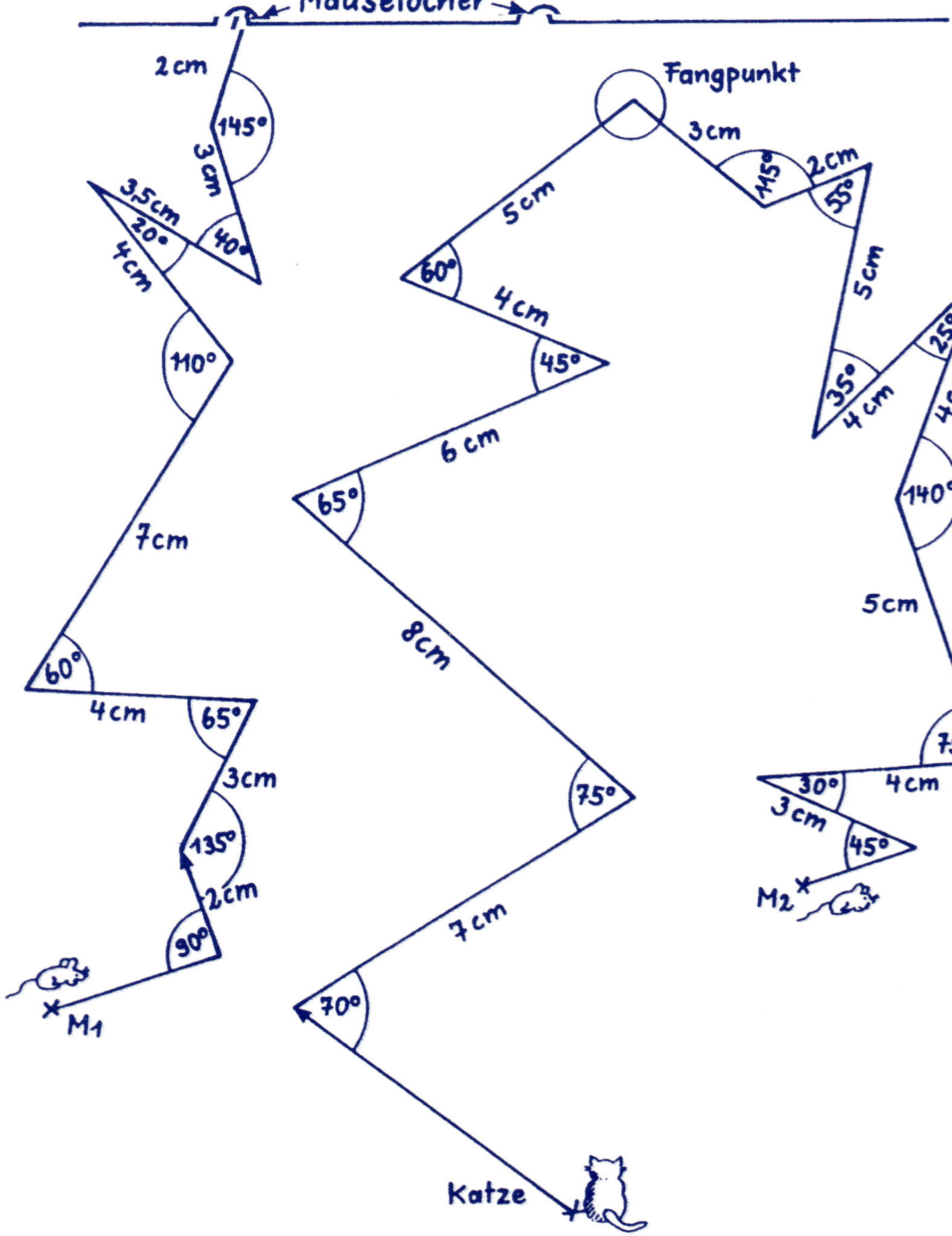

Aus: Krampe/Mittelmann, *Rechenbeispiele für die Klasse 6.* Verlag Ludwig Auer, Donauwörth

Aktivierungsprogramm zur Behebung der Funktionsunlust

AUFWECKER

Zeige- und Mittelfinger einer Hand berühren den Nabel; Daumen, Zeige- und Mittelfinger der anderen Hand massieren unterhalb des Schlüsselbeins.

Dauer: 1 Minute

DENKMÜTZE

Die Ränder beider Ohren mit Daumen und Zeigefinger sanft von innen nach außen ziehen. Am oberen Rand des Ohres beginnen - bis zum Ohrläppchen.

Dauer: 15-mal

ÜBERKREUZ-BEWEGUNG

Mit dem linken Ellbogen das rechte Knie berühren und umgekehrt.

Dauer: mindestens 1 Minute

AUGEN-ACHTER

Schulterbreit stehen, linken Arm strecken, in Augenhöhe von der Mitte nach rechts oder links oben Achterschleifen ziehen. Dabei mit den Augen den Daumen verfolgen. Armwechsel.

Dauer: je 15-mal

Kinderseite

Aktivierungsprogramm zur Behebung der Funktionsunlust

Auf dieser Seite kannst du Bezeichnungen für die Übungen finden und hineinschreiben und die Bilder anmalen.

Aktivierungsprogramm zum Beheben der Funktionsunlust

Wirkung der Übungen

Aufwecker: Zusammenschalten beider Gehirnhälften; gegen Müdigkeit und Lustlosigkeit

Denkmütze: Aufmerksamkeit wird gesteigert, Gedächtnis wird aktiviert

Überkreuzbewegung: Beide Gehirnhälften werden gleichzeitig stimuliert; Raumbewusstsein, plastisches Sehen, besseres Lernen

Augenachter: verbessert Balance, Koordination und Zentrierung, behebt Verwechslung von Buchstaben

MONATSPLANER

VORHER		Woche 1	Woche 2	Woche 3	Woche 4	NACHHER
	Mo					
	Di					
	Mi					
	Do					
	Fr					
	Sa					
	So					

Mangelnde Integration der Hemisphären

In einer mangelnden Integration liegt der Grund für viele Lernprobleme. Setzen die Kinder vorwiegend nur eine Gehirnhälfte während des Lernprozesses ein, nützen sie nicht ihre vorhandenen Möglichkeiten. Weiterhin weist jede Hemisphäre Spezialisierungen auf, und je nachdem mit welcher das Kind vorwiegend arbeitet, ergeben sich beim Lernen ganz spezifische Modelle. Zum besseren Verständnis möchte ich das genauer ausführen. Das Großhirn besteht aus zwei stark gefurchten Halbkugeln und sieht einer großen Walnuss ähnlich. Die zwei Hälften oder Hemisphären werden durch einen tiefen Graben voneinander getrennt. Die Verbindung zwischen den beiden Gehirnhälften wird durch den Balken (*Corpus callosum*) am Boden des trennenden Grabens hergestellt. Das *Corpus callosum* ist ein dickes Nervenfaserbündel mit ca. 300 Millionen Nervenfasern.

Die für die Kontrolle der Motorik zuständigen Nervenbahnen und die sensorischen Nervenbahnen verlaufen fast vollkommen über Kreuz. Die linke Gehirnhälfte kontrolliert hauptsächlich die rechte Körperseite und die Wahrnehmung des rechten Auges und Ohres usw., und die rechte Hirnhälfte ist für die linke Seite zuständig. 1981 erhielt Prof. Dr. Sperry vom *California Institute of Technology* den Nobelpreis für diese Entdeckung.

Neben den sensomotorischen Spezialisierungen weisen die beiden Hemisphären noch weitere auf, die sich als charakteristische Fähigkeiten zeigen. Diese Ergebnisse der Gehirnforschung sind innerhalb der Wissenschaft umstritten, da sie in sehr vereinfachter und verallgemeinernder Form aufgezeigt werden. Ihre modellhafte Darstellung ist jedoch akzeptiert. Dieses Modell der funktionellen Spezialisierung möchte ich in der Folge vorstellen.

Die eine Gehirnhälfte, bei den meisten Menschen handelt es sich dabei um die linke, ist für das analytische, logische Denken zuständig. Sie arbeitet zergliedernd, Schritt für Schritt und erkennt Details. Ihre Denkweise ist zeitorientiert, bewertend und verbal, die Verarbeitung erfolgt vom Teil zum Ganzen, vom Speziellen zum Komplexen.

In dieser Hemisphäre ist auch das Sprachzentrum angesiedelt. Schon 1861 zeigte der französische Chirurg Pierre Paul Broca auf, dass bei der Autopsie von Patienten mit Sprachstörungen Verletzungen in der *linken* Hemisphäre festgestellt werden konnten. Vergleichbare Verletzungen der *rechten* Hemisphäre hatten zu keiner Sprachbeeinträchtigung geführt. Durch weitere Untersuchungen gelang es ihm, den für die Artikulation maßgebenden Bereich des Gehirns weiter einzugrenzen und das nach ihm benannte „Broca'sche Sprachzentrum“ zu lokalisieren.

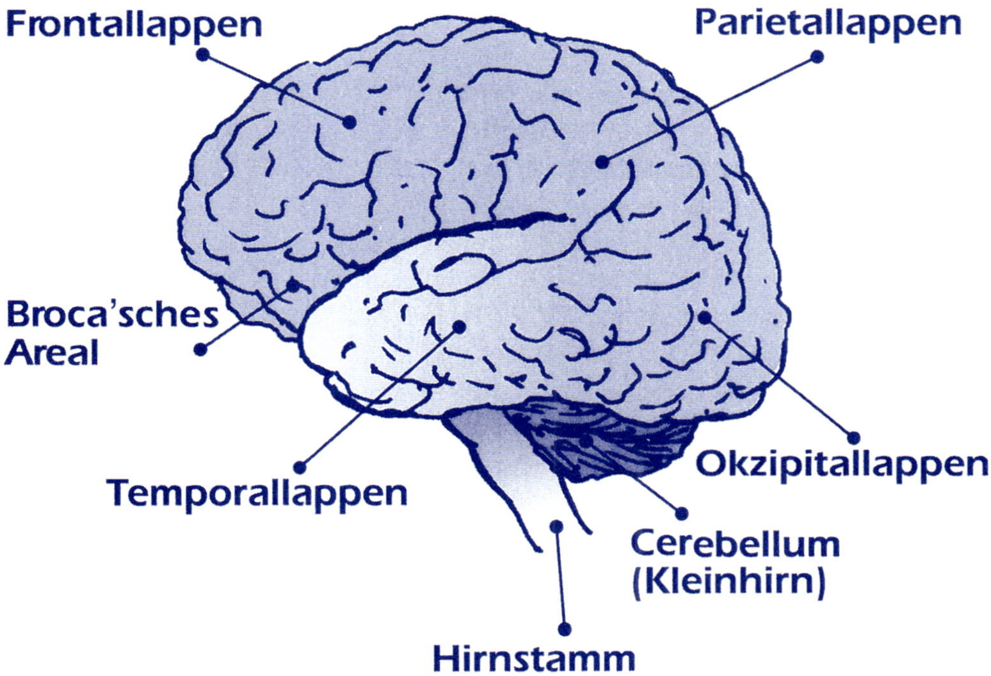

Die rechte Gehirnhälfte funktioniert ganzheitlich, bildhaft und ist für die automatisierten und intuitiven Bewegungen zuständig. Dieser Hemisphäre wird das Langzeitgedächtnis zugeschrieben. Ihre Arbeitsweise ist holistisch und bildhaft, vom Ganzen ausgehend zum Detail, vom Komplexen zum Speziellen.

Mit der Verantwortlichkeit der rechten Gehirnhälfte für die visuelle Wahrnehmung beschäftigte sich bereits am Ende des 19. Jahrhunderts der britische Neurologe Hughlings Jackson. Er beobachtete bei einem Patienten mit einem Tumor in der intuitiven Hemisphäre Ausfälle in bestimmten Bereichen der visuellen Wahrnehmung und konnte so einen wesentlichen Beitrag zur Erforschung der Spezialisierung der rechten Hemisphäre liefern.

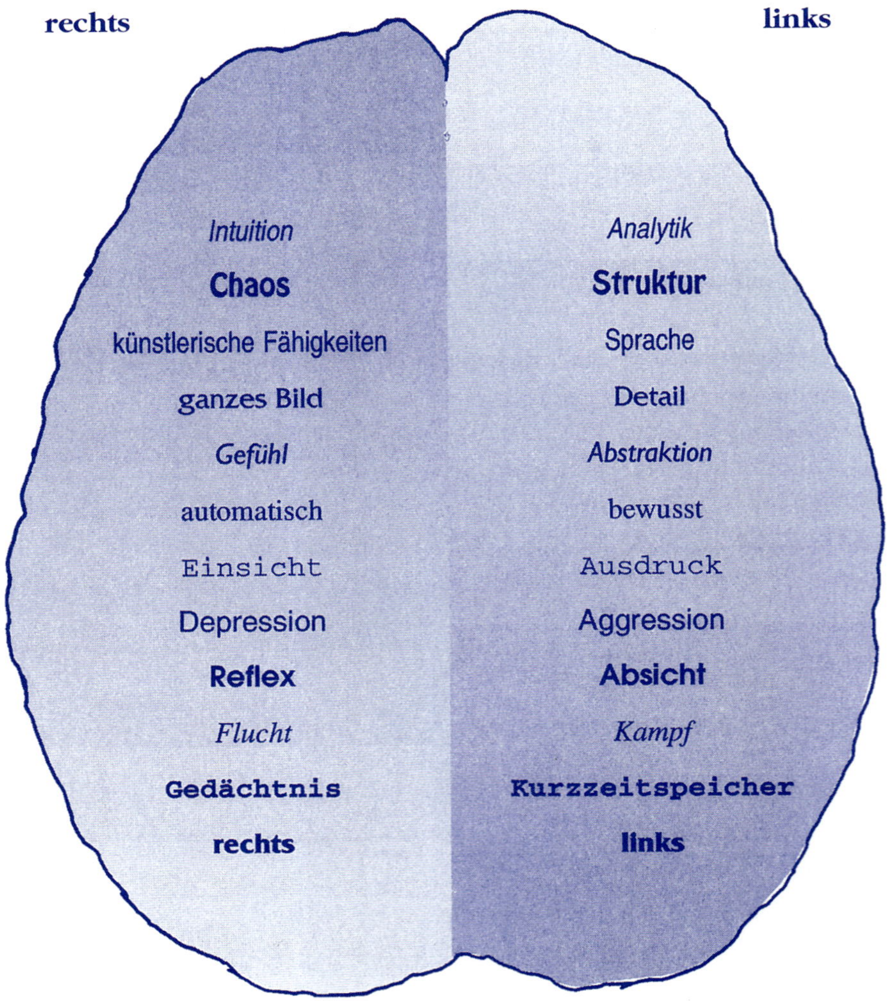

Warum ist das Wissen um die Spezialisierung der Hemisphären für das Beheben von Lernproblemen so wichtig? Weil Kinder mit Lernblockaden in vielen Fällen fast ausschließlich mit nur einer Hemisphäre arbeiten. Das passiert vor allem dann in sehr ausgeprägter Form, wenn die neurologische Verbindung zwischen den beiden Hemisphären nicht ausreichend aktiviert ist.

Installiert wurden diese neurologischen Schaltungen in der Krabbelphase. Babys aktivieren, wenn sie sich aus der Rückenlage in die Bauchlage rollen wollen, noch mehrheitlich die Muskeln einer Körperseite. Beginnen sie zu krabbeln, müssen sie die Extremitäten beider Körperseiten einschalten (rechtes Bein, linker Arm und umgekehrt), und zwar gleichzeitig. Je intensiver diese Entwicklungsphase durchlebt wird, desto besser können sich die neurologischen Schaltungen installieren.

Manche Kinder sind jedoch nie oder fast nie gekrabbelt. Entweder haben sie andere Fortbewegungsmodelle praktiziert, wie zum Beispiel auf einem Bein zu sitzen und mit dem anderen gleichsam anzuschieben, oder sie haben gleich zu gehen begonnen. Die Integration der Hemisphären ist nicht in ausreichendem Maß vorhanden. Auf motorischer Ebene zeigt sich das in einer mangelhaften Körperkoordination, auf schulischer in Lernproblemen, die davon abhängig sind, mit welcher Hemisphäre das Kind vorwiegend arbeitet.

Jeder Mensch entwickelt im Laufe seines Lebens eine Hemisphärendominanz. Das bedeutet, dass er beim Bewältigen von Alltagsanforderungen und beim Lösen von Problemen den Einsatz *einer* Hemisphäre bevorzugt.

Es gibt keine Wertung darüber, welche Vorgehensweise richtiger ist: die linkshirndominante, die beim Treffen von Entscheidungen alle Für und Wider genau auflistet, abwägt, um dann logisch dafür oder dagegen zu entscheiden, oder die rechtshirndominante, die mehr der Intuition folgt und viele Entscheidungen einfach „aus dem Bauch" heraus trifft.

Das Ziel muss sein, beide Möglichkeiten gleichzeitig zur Verfügung zu haben und nicht in *einer* Verhaltensform festzuhaken, die Pro- und Contraargumente zu diskutieren, aber beim Fällen der Entscheidung auch das intuitive Gefühl zu integrieren.

Beide hat man dann gut zur Verfügung, wenn die neurologischen Schaltungen zwischen den Hemisphären gut aktiviert sind, und das ist auch unser Ziel, um Lernschwierigkeiten begegnen zu können. Bis diese Integration aber voll zur Verfügung steht, muss auf die bevorzugte Arbeitsweise des Kindes Rücksicht genommen werden.

Bevor überbrückende Lernstrategien entwickelt werden können, muss Klarheit über die Hemisphärendominanz des Kindes herrschen. Bei einer Lernberatung ist das immer einer der ersten Punkte, die ich austeste. Damit auch Sie sich ein Bild von den Dominanzen Ihres Kindes machen können, möchte ich auf einige für die jeweilige Hemisphäre typische Arbeitsweisen und Bewusstseinsformen näher eingehen.

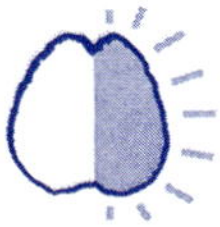

Rechte Hemisphäre

Ich beginne absichtlich mit Bewusstseinsformen und typischen Arbeitswesen dieser Gehirnhälfte, da meiner Erfahrung nach damit mehr „Lernprobleme“ verbunden sind.

Noch dazu finden die Schüler, die rechtshemisphärendominant sind, wenig Unterstützung in Schulbüchern, da diese fast ausschließlich linkshemisphärenorientiert gestaltet sind. Ich habe sehr wenige Schulbücher gefunden, in denen zum Beispiel zuerst ein Überblick über den Lehrstoff gegeben wird und anschließend die Arbeit an Details beginnt. Meistens ist es so, dass der Reihe nach Einzelheiten an die Schüler herangetragen werden und sich daraus dann zum Schluss ein Ganzes formt. Nur das ist nicht die Art und Weise, wie Kinder mit einer Dominanz der rechten Hemisphäre gut lernen können.

Dazu möchte ich ein anschauliches Beispiel aus dem Werkunterricht bringen. Jeder Lehrer kennt die Schüler, die fortwährend Anleitungen brauchen. Hilflos drehen sie die einzelnen Teile in der Hand, rufen ständig nach dem Lehrer oder stehen beim Lehrertisch. Sie können mit den Einzelheiten, den Details, einfach nichts anfangen. Wir haben nun diesen Kindern ein bereits fertiges Werkstück gegeben, das sie zerlegen durften, und haben damit ihre Art der Verarbeitung angesprochen, nämlich vom Ganzen zum Detail. Es war für alle Beobachter erstaunlich, wie schnell sich der vorerst so ungeschickte Schüler nun zurechtgefunden hat. Er hatte das Bild vom Ganzen vor Augen und konnte nun die Einzelheiten zuordnen. Aus der „ungeschickten Nervensäge“ war binnen kürzester Zeit ein geschickter Bastler geworden.

Sicherlich ist es nicht möglich, alle Werkstücke zerlegen zu lassen, um diesen Kindern voll gerecht zu werden, aber das Prinzip „vom Ganzen zum Detail“ sollte in jedem Fall beibehalten werden. Denn sehr oft werden diese Schüler als schwerfällig im Denken abgestempelt, obwohl sie nur eine andere Art der Verarbeitung haben.

So wie das Beispiel aus dem Werkunterricht gibt es noch eine Reihe anderer für die rechte Hemisphäre typischer Arbeitsweisen. Das schlechte Zurechtkommen mit Symbolen möchte ich da gleich einmal erwähnen. Diese Schüler brauchen den Umgang mit dem Konkreten, mit dem Ding an sich. Mit Stellvertretern und Symbolen finden sie sich hingegen schlecht zurecht. Dieses Problem zeigt sich in der Schullaufbahn schon sehr früh.

Zwei Äpfel und noch drei Äpfel sind für diese Kinder nicht gleich fünf

Äpfel. Sie müssen wirklich Äpfel in der Hand haben, die glatte Schale spüren und hineinbeißen können. Noch schwieriger wird es, wenn an Stelle der Äpfel als Symbol die Ziffern 2 und 3 gesetzt werden.

2 + 3 = 5

Sehr oft müssen da die Finger zu Hilfe genommen werden, die ja etwas sehr Konkretes, Gegenständliches sind. Jetzt kann das Rechenbeispiel gelöst werden. Man kann beobachten, dass diese Kinder sehr oft und auch relativ lange ihre Finger zur Unterstützung beim Lösen von Rechenaufgaben einsetzen. Und man sollte ihnen dieses Hilfsmittel auch lassen, denn übertrieben gesagt gilt für diese Schüler: Was man nicht anfassen kann, das existiert auch nicht.

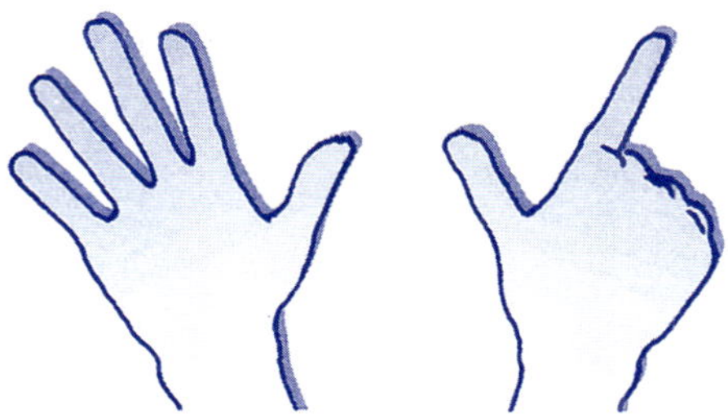

Dieses Bedürfnis nach Konkretem zeigt sich auch beim Erarbeiten des Zehnersystems. Dabei wird in der Schule sehr oft Papiergeld verwendet, und zwar in Form von Schwarzweißkopien aller Münzen und Geldscheine. Mit Hilfe dieser Papierblättchen wird das Zehnersystem erarbeitet. Zehn einzelne Euro sind ein Zehner, zehn Zehner ein Hunderter usw. Nur sind für Kinder mit der Dominanz der intuitiven Hemisphäre diese Euro- und Zehneuroscheine aus Papier nicht gleichbedeutend mit realem Geld, und demnach haben sie teilweise Schwierigkeiten, zehn Zehneuroscheine in einen Hunderteuroschein zu wechseln.

Für Menschen, die zu beiden Hemisphären gleichen Zugang haben, mag das unerklärlich sein. Euro ist Euro, meinen sie und verstehen die Probleme dieser Kinder nicht, denen man sehr einfach helfen kann, indem man reale

Münzen und Geldscheine beim Erklären hinzuzieht. Zehn klingende, silberne Eineuromünzen können jetzt in einen roten Zehneuroschein gewechselt werden.

Für viele mag das „dasselbe" sein, für diese Schüler bedeutet es jedoch einen großen Unterschied. Das haben auch in der Praxis viele Eltern feststellen können, die meinen Anweisungen Folge geleistet haben und, wenn auch kopfschüttelnd, den Erfolg bestätigten.

Das gleiche Prinzip zeigt sich beim Lernen der Uhrzeit. Manche Kinder haben damit große Schwierigkeiten. Oft besuchen sie schon höhere Klassen und haben noch immer Probleme, die genaue Uhrzeit zu erkennen. Die Schuluhr aus Papier, die jedes Kind zum Lernen und Üben bekommt, ist für rechtshemisphärendominante Kinder nicht gleichbedeutend mit einer realen Uhr. Sie benötigen zum Lernen richtige Uhren zum Anfassen.

Beim Lernen der Uhrzeit kommt für diese Schüler noch erschwerend dazu, dass sie über keinen Zeitbegriff verfügen. Sie haben kein Gefühl für zwei Minuten, eine Stunde oder einen halben Tag. Für sie gibt es nur den Begriff JETZT oder NICHT JETZT. Und NICHT JETZT ist für sie gleichbedeutend mit NIE.

Wenn diese Kinder etwas haben wollen, was sie im Moment nicht bekommen können, tröstet sie unsere Beteuerung „Du bekommst es in einer Stunde" nicht. Sie reagieren oft sehr heftig und für uns unerklärlich. Aber sie bringen eben NICHT JETZT sofort mit NIE in Verbindung.

Sehr oft benützen diese Kinder Stichwörter, statt ganze Sätze zu formen. Sie sind sprachlich nicht sehr geschickt und benützen andere, nicht verbale Kommunikationsformen.

Zu dieser Gruppe zählen zum Teil Schüler, die den Weg vom Sitzplatz bis zur Tafel nicht zurücklegen können, ohne einigen Mitschülern auf die Schulter oder den Rücken zu klopfen. Diese Art Kontakt zu knüpfen ist nicht jedem angenehm und kann auch Anlass zu Raufereien sein. Zur Rede gestellt sind die „Klopfer“ oft ratlos. Es ist ihre Art, auf sich aufmerksam zu machen, da sie teilweise nicht über die notwendigen verbalen Möglichkeiten verfügen.

An einen Ort erinnern sich die Kinder oft gut, wissen aber den Namen nicht mehr und vergessen ihn auch oft gleich wieder.

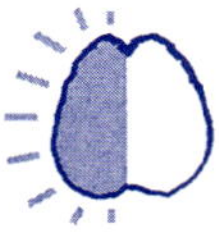

Linke Hemisphäre

Die Kinder mit Dominanz der linken Hemisphäre sind sprachlich sehr geschickt und besitzen einen großen Wortschatz. Sie können mit Symbolen umgehen, was sich sehr positiv auf den Einsatz von Unterrichtsmitteln wie Papiergeld und Papieruhr auswirkt. Abstrakte Erklärungen können sie nachvollziehen.

Sie können Vorgänge in einzelne Sequenzen zerlegen, haben aber Probleme, diese Details in ein Ganzes einzuordnen. Gezielte Fragen können sie sehr gut beantworten, mit Überblicken haben sie jedoch Probleme. Obwohl sie gut gelernt haben, bringt sie die Aufforderung „Erzähle mir etwas über den Motor“ in Schwierigkeiten. „Zähle die vier Takte beim Viertaktmotor auf“, entspricht ihnen da wesentlich besser.

Mit mathematischen Aufgaben, die in vielen Fällen ein komplexes Denken erfordern, haben diese Kinder oft Probleme.

Wie wichtig eine gute Zusammenarbeit der beiden Gehirnhälften für bestimmte Teilbereiche ist, werde ich noch am Beispiel Lesen und Schreiben genauer ausführen. Zuvor möchte ich das Grundprogramm zur Integration der Hemisphären vorstellen, das ein effizientes Lernen ermöglicht. Ein Lernen im Mittelfeld, wie es der Kinesiologe Paul Dennison bezeichnet hat.

Dieses Arbeiten im Mittelfeld setzt neben einer guten Integration der Hemisphären das binokulare Sehen und das binaurale Hören voraus, das bedeutet das Sehen mit beiden Augen und das Hören mit beiden Ohren.

Jeder Mensch verfügt über Dominanzen in Bezug auf Auge, Ohr, Hand und Fuß, doch sollte der nichtdominante Teil die verschiedenen Prozesse aktiv begleiten und nicht abgeschaltet werden. Dieses Abschalten kann man bei Kindern mit einer sehr ausgeprägten Dominanz der Augen beobachten, sie schauen ihr Gegenüber mit nur einem Auge an, während das andere wegrutscht. Das kann ganz extrem sein und bis zu einer Schielposition führen. Hält man dem Kind das dominante Auge zu, verwendet es das andere und schaut nun mit diesem. Diese nichtdominanten Bereiche gilt es zu integrieren, was natürlich voraussetzt, dass man die dominanten kennt.

Austesten von Dominanzen

a) Augendominanz

Häufig liegt das dominante Auge der dominanten Gehirnhälfte gegengleich gegenüber. Ein linksdominantes Auge lässt demzufolge auf eine rechtsdominante Hemisphäre schließen.

TESTANLEITUNG

Erste Möglichkeit
Das dominante Auge kann man sehr leicht ermitteln, wenn man die Handflächen vor dem Körper verschränkt und dabei ein kleines Guckloch freilässt. Durch dieses Guckloch schaut man jetzt sein Gegenüber an und zieht die Handflächen zum Gesicht. Man wird, wenn das Guckloch nicht zu groß ist, bei einem Auge, dem dominanten, landen. Versucht man dasselbe mit dem anderen Auge, wird man sich nicht so wohl dabei fühlen. Der Vorgang wird als ungewohnt empfunden.

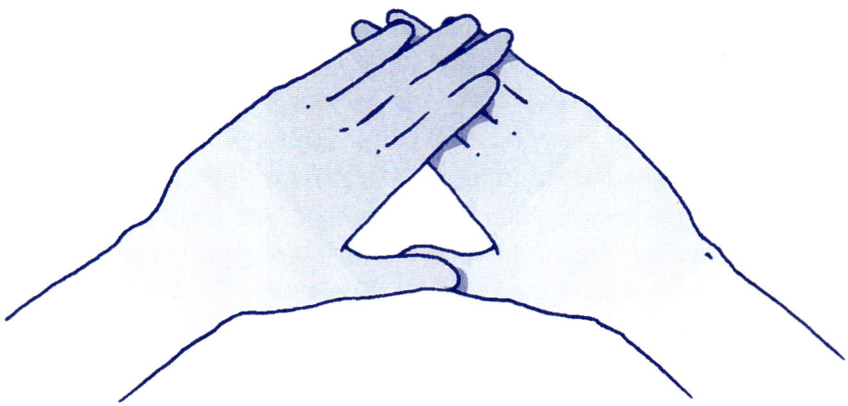

Zweite Möglichkeit
Einen Karton mit einem ausgeschnittenen runden Loch vorbereiten. Einen Gegenstand auf den Boden legen und durch das Loch betrachten lassen. Nun fordern Sie das Kind auf, abwechselnd ein Auge zu schließen. Beim nichtdominanten Auge wird der am Boden liegende Gegenstand verschwinden.

b) Ohrendominanz

Das Kind an der Tür horchen lassen oder ihm eine tickende Uhr zum Horchen in die Hand geben. Das Kind wird das dominante Ohr für diese Tätigkeit in Anspruch nehmen.

c) Handdominanz

Dem Kind werden Gegenstände angeboten, wobei darauf geachtet werden soll, dass sie vor der Körpermitte angeboten werden. Vorwiegend wird mit der dominanten Hand danach gegriffen werden. Um einen noch besseren Eindruck zu gewinnen, ist es empfehlenswert, unterschiedliche manuelle Tätigkeiten ausführen zu lassen (schneiden, schreiben, anmalen, Nähnadel halten).

d) Fußdominanz

Mit welchem Bein wird beim Fußballspielen ein Tor geschossen?

Das Kind mehrmals vor- und zurückgehen lassen. Mit welchem Bein wird die neue Bewegungsrichtung begonnen?

Damit Sie einen besseren Überblick bekommen, tragen Sie die Testergebnisse Ihres Kindes in die Skizze auf der nächsten Seite ein.

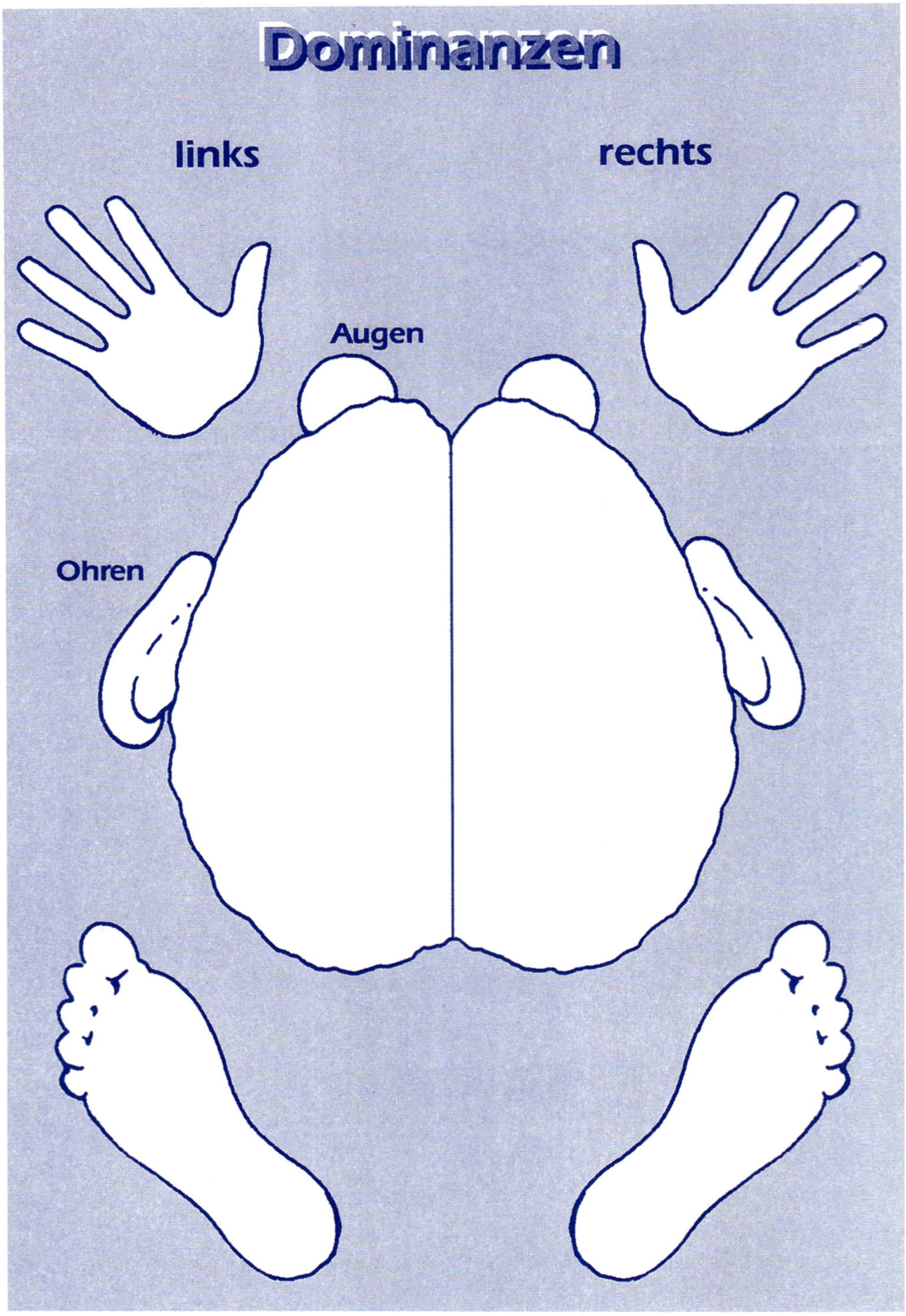
Dominanzen
links
rechts
Augen
Ohren

Je nach Verteilung der Dominanzen ergeben sich unterschiedliche Dominanzprofile: **uniforme Dominanz, Mischdominanz, blockierte Dominanz.** Jedes Dominanzprofil erlaubt Rückschlüsse auf spezifische Lernprobleme und eröffnet mit dieser Analyse eine Reihe von Hilfsmöglichkeiten, die es erlauben, dem Schüler bei seinen Lernproblemen zu helfen.

Uniforme Dominanz der linken Hemisphäre

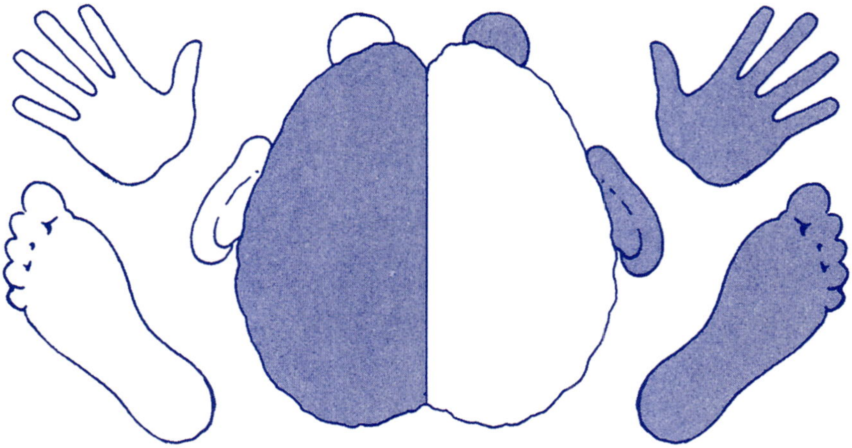

Uniforme Dominanz der rechten Hemisphäre

Mischdominanz

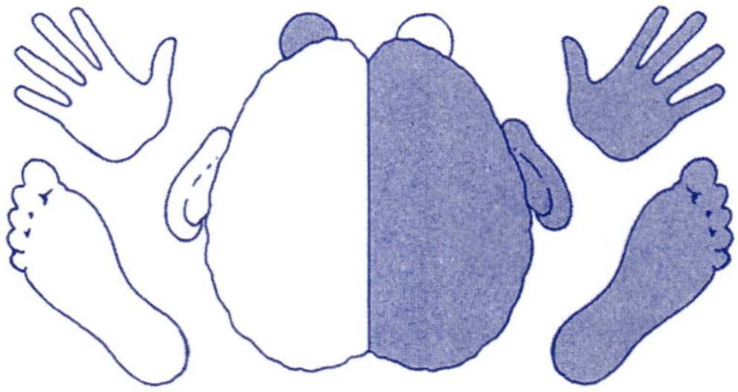

Da viele Kinder mit Lernproblemen dieses Dominanzmuster haben, möchte ich ein paar Auffälligkeiten dieses Dominanzprofils aufzählen.

- In der Nähe verschwimmen die Buchstaben.
- Das Arbeiten im zweidimensionalen Raum bereitet Schwierigkeiten.
- Die Feinmotorik ist nicht gut ausgebildet.
- Es kommt zu Problemen mit der Hand-Augen-Koordination.
- Die Kinder lassen sich sehr leicht ablenken.

blockierte Dominanz

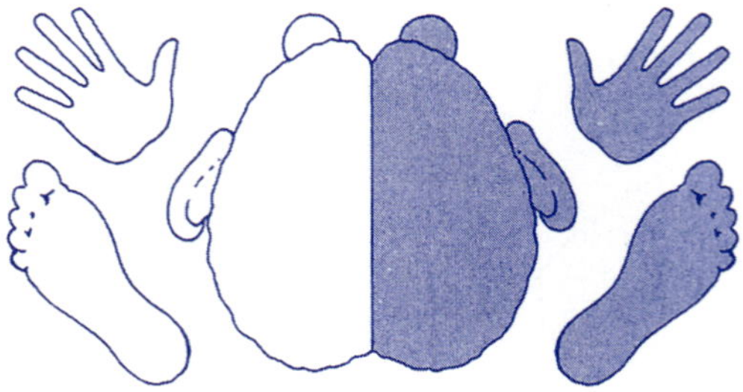

Ist bei diesem Dominanzprofil die Verbindung zwischen den beiden Hemisphären nicht gut ausgebildet, zeigen sich Lernblockaden und Lernschwierigkeiten besonders auffällig.

Das Ziel, das angestrebt werden muss, ist ein **integriertes Dominanzprofil.**

integrierte Dominanz

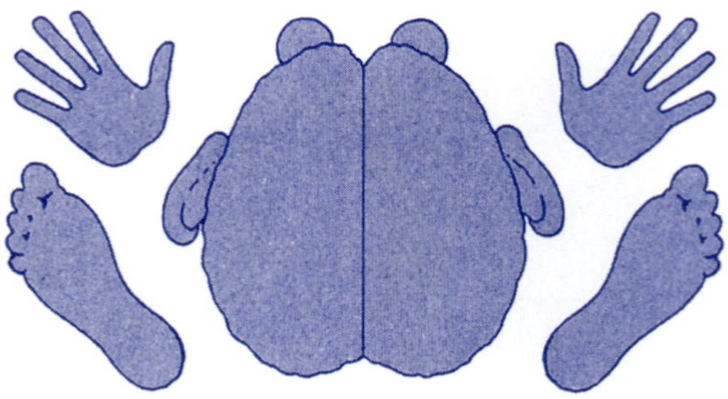

Durch konsequentes Üben des Grundprogramms kann die Integration der Hemisphären erreicht werden.

Grundprogramm zur Integration der Hemisphären

AUFWECKER

Zeige- und Mittelfinger einer Hand berühren den Nabel; Daumen, Zeige- und Mittelfinger der anderen Hand massieren unterhalb des Schlüsselbeins.

Dauer: 1 Minute

BALANCE-KNÖPFE

Eine Hand berührt den Nabel mit Mittel- und Zeigefinger, die andere Hand berührt die Mulde im unteren Teil des Hinterkopfes. Seitenwechsel.

Dauer: 1 Minute

KREUZ-TANZEN

Mit einer Hand das gegenüberliegende Knie berühren, dann Handwechsel.

Dauer: mindestens 1 Minute

ELEFANTEN-WIEGE

Beine schulterbreit stellen. Ohr liegt an der Schulter. Mit ausgestrecktem Arm Achterschleifen in die Luft zeichnen. Schleife stets von der Mitte nach links oder rechts oben ziehen. Handwechsel.

Dauer: je 10-mal

AUGEN-ACHTER

Schulterbreit stehen, linken Arm strecken, in Augenhöhe von der Mitte nach rechts oder links oben Achterschleifen ziehen. Dabei mit den Augen den Daumen verfolgen. Armwechsel.

Dauer: je 15-mal

BAUCHATMUNG

Beine schulterbreit stellen. Hände über den Nabel legen, Jungen rechte Hand über die linke, Mädchen umgekehrt. Augen schließen. Bauch wölbt sich beim Einatmen, senkt sich beim Ausatmen.

Dauer: 1 Minute

Kinderseite

Grundprogramm zur Integration der Hemisphären

Auf dieser Seite kannst du Bezeichnungen für die Übungen finden und hineinschreiben und die Bilder anmalen.

Grundprogramm zur Integration der Hemisphären

Wirkung der Übungen

Aufwecker: Zusammenschalten beider Gehirnhälften; gegen Müdigkeit und Lustlosigkeit

Balanceknöpfe: verbessert die Aufmerksamkeit, logische Zusammenhänge werden erkennbar

Kreuztanzen: fördert Raumbewusstsein und beidäugiges, plastisches Sehen

Elefantenwiege: entspannt die Nackenmuskulatur, verbessert das Gleichgewichtsgefühl, fördert Hörverstehen und stressfreies Sprechen

Augenachter: verbessert Balance, Koordination und Zentrierung, behebt Verwechslungen von Buchstaben

Bauchatmung: Die Gedanken werden ruhiger, Energie durchströmt den ganzen Körper

MONATSPLANER

VORHER		Woche 1	Woche 2	Woche 3	Woche 4	NACHHER
	Mo					
	Di					
	Mi					
	Do					
	Fr					
	Sa					
	So					

Lesen

In der ersten Klasse stellt das Lesenlernen an Schüler und Lehrer die größten Anforderungen. Abhängig von den Gehirndominanzen bilden sich dabei zwei Problemgruppen.

Die **rechtshirnorientierten Leser** erkennen zwar die Wortbilder, doch dann „raten" sie, was hineinpassen könnte. Meistens orientieren sie sich dabei an signifikanten Buchstaben. Das kann der Anfangsbuchstabe sein oder einer, der durch eine Oberlänge oder Unterlänge heraussticht. Auf Grund dieser Wahrnehmung probiert das Kind nun, was in das betreffende Wortbild passen könnte, ohne wirklich auf die Details, also die Buchstaben, zu achten.

Dieses Raten macht Lehrer und Eltern oft ungeduldig. „Schau doch genau hin", versucht man das Kind zum richtigen Lesen zu animieren. Doch gerade dieses genaue Hinschauen auf Einzelheiten entspricht nicht der Arbeitsweise des Kindes, wenn es vorwiegend mit seiner dominanten rechten Hemisphäre arbeitet.

Erst der gleichzeitige Zugriff auf beide Hemisphären schafft die Voraussetzungen dafür, die Einzelheiten, also die Buchstaben, zu erkennen und zu einem sinnvollen Ganzen, dem Wort, zusammenzufügen.

Sehr hilfreich ist es, bis zur Integration der Gehirnhälften den Einsatz der linken Hemisphäre zu fördern und somit den Blick auf Details zu schulen.

Beim Lesevorgang selbst, indem zum Beispiel jedes t unterstrichen wird. Natürlich bietet sich auch jeder andere Buchstabe dafür an.

1. Wie viele t, p und g sind in dem folgenden Text enthalten?

Es war einmal ein kleiner Junge. Er hieß Timo, war acht Jahre alt und ging in die zweite Klasse. Anfangs hatte er sich so auf die Schule gefreut.
Doch jetzt gefiel sie ihm gar nicht mehr. Jeden Tag Hausaufgaben machen. Schrecklich!
Er brauchte viel mehr Zeit dafür als seine Freunde.
Die spielten schon längst draußen, während er noch immer am Schreibtisch saß. Es ging einfach nicht voran.
Das Rechnen machte ihm noch am meisten Spaß. Doch das Schreiben und das Lesen bereiteten ihm große Mühe. Eines Tages saß er wieder einmal an seinem Schreibtisch und schaute sehnsüchtig aus dem Fenster zu seinem Baumhaus. Das hatte ihm sein Vater gebaut, und es war sein Lieblingsort. Dort konnte er spielen und träumen. Aber erst, wenn die Hausaufgaben erledigt waren.
Und das dauerte und dauerte . . .

Aus: Renate Feuerlein, *Timo und das Dschungeläffchen*, hpt-breitschopf, 1995. (Lösung: 36 t, 3 p, 18 g)

„So, so. S . e schre . be . Ze . tu . gsart . kel? U . d Erf . . der . . s . . d S . e auch? Warum habe . S . e das . . cht gle . ch gesagt?", fragt Graf Freder . k vo . Flause . fels durch de . Lautsprecher.

„We . l . ch . . cht de . E . . druck hatte, dass S . e es w . sse . wollte . !", a . twortet Sama . tha Klügelste . . .

„. hr E . . druck war falsch. E . . kluger Ge . st . st etwas, das . ch sehr schätze", beteuert der Graf.

„Was . och la . ge . . cht he . ßt, dass . ch auch de . Me . sche . mag, . . dem er steckt!"

Sama . tha Klügelste . . beschl . eßt, d . ese E . . schrä . ku . g . . cht als Bele . d . gu . g aufzufasse ., so . der . l . eber e . . e . Schr . tt vorwärtszukomme . .

„Darf . ch frage ., w . e we . t . hre Fledermaus-Forschu . ge . ged . ehe . s . . d?"

„Selbstverstä . dl . ch dürfe . S . e das frage ., me . . e Gute . . ur: Erwarte . S . e b . tte . . cht, dass . ch darauf a . tworte."

„Aber w . eso de . . ? S . e habe . doch gesagt . . ."

„. . . dass . ch bere . t b . ., m . r a . zuhöre ., was der Gru . d eures Ersche . . e . s . st. . ch habe . . cht versproche ., . rge . dwelche Auskü . fte zu erte . le . ."

„Das . st u . fa . r!", protest . ert Chr . s. Sama . tha Klügelste . . versucht es auf d . e sa . fte Tour: „De . ke . S . e dara ., w . e berühmt S . e se . . werde ., sobald d . e Öffe . tl . chke . t vo . de . Ergeb . . sse . . hrer Forschu . ge . erfährt!"

„S . e verschwe . de . . hre Ze . t. . ch lege . . cht de . ger . . gste . Wert darauf, berühmt zu se . . !"

Aus: Edith Thabet, *Der total verrückte Rollmops*, Buch CD, hpt-breitschopf, 1995.

3. Kreise das Wort ein, das mit der entsprechenden Abbildung übereinstimmt.

Hose
Hiso
Hase
Haso

Baum
Raum
Saum
Flaum

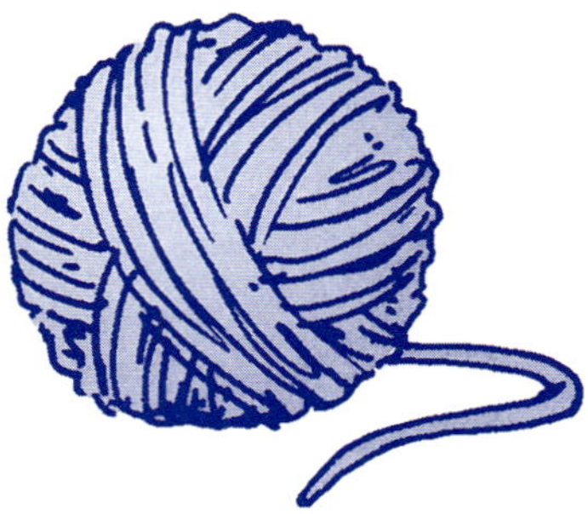

Rolle
Welle
Wolle
Knolle

Haus
Laus
Maus

4. In jedem Kästchen ist der Name eines Tieres versteckt. Um ihn zu finden, müssen alle Buchstaben, die zweimal oder dreimal vorkommen, durchgestrichen werden.

E P I E D I D L H	....
P L R E A P O R D	....
T E H T P N A E R	....
H R O H C F O S S	....
S W S C N E H N I	....

5. Ordne die Ziffern den richtigen Buchstaben zu und finde die Wörter. Das Alphabet hilft dabei.

A	B	C	D	E	F	G	H	I	J	K	L	M
1	2	3	4	5	6	7	8	9	10	11	12	13
N	O	P	Q	R	S	T	U	V	W	X	Y	Z
14	15	16	17	18	19	20	21	22	23	24	25	26

11	1	19	20	1	14	9	5	14	2	1	21	13

7	12	5	20	19	3	8	5	18

19	3	8	12	15	19	19	7	5	19	16	5	14	19	20

8	21	2	19	3	8	18	1	21	2	5	18

Lösung zu 4: DELPHIN, LEOPARD, PANTHER, FROSCH, SCHWEIN
Lösung zu 5: KASTANIENBAUM, GLETSCHER, SCHLOSSGESPENST, HUBSCHRAUBER

6. Aus Anfangs- und Endbuchstaben muss ein Wort gebildet werden.

R o s **e**

H a s **e**

P _ _ _ e

G _ _ _ _ n

B _ _ _ e

H _ _ d

E _ _ l

H _ _ s

M _ _ s

E _ _ _ _ _ _ _ _ n

G _ _ _ l

M _ _ _ _ r

L _ _ _ _ l

T _ _ _ _ r

V _ _ _ l

W _ _ _ n

W _ _ d

R _ _ _ n

S _ _ _ _ r

S _ _ _ _ e

B _ _ g

B _ _ m

O _ _ n

A _ t

N _ _ e

M _ _ d

D _ _ e

K _ _ _ e

H _ f

P _ _ _ _ r

T _ _ _ e

B _ _ t

7. In diesem Bild sind Buchstaben versteckt. Suche sie!

Lösung: A, E, F, H, O, S

Zusätzlich bietet sich noch eine Reihe anderer Möglichkeiten an, auf spielerische Art die linke Hemisphäre zu fördern. Der Grundgedanke dabei ist, den Blick auf Einzelheiten zu schulen.

1. Verbinde die Ziffern miteinander. Welche Figur entsteht?

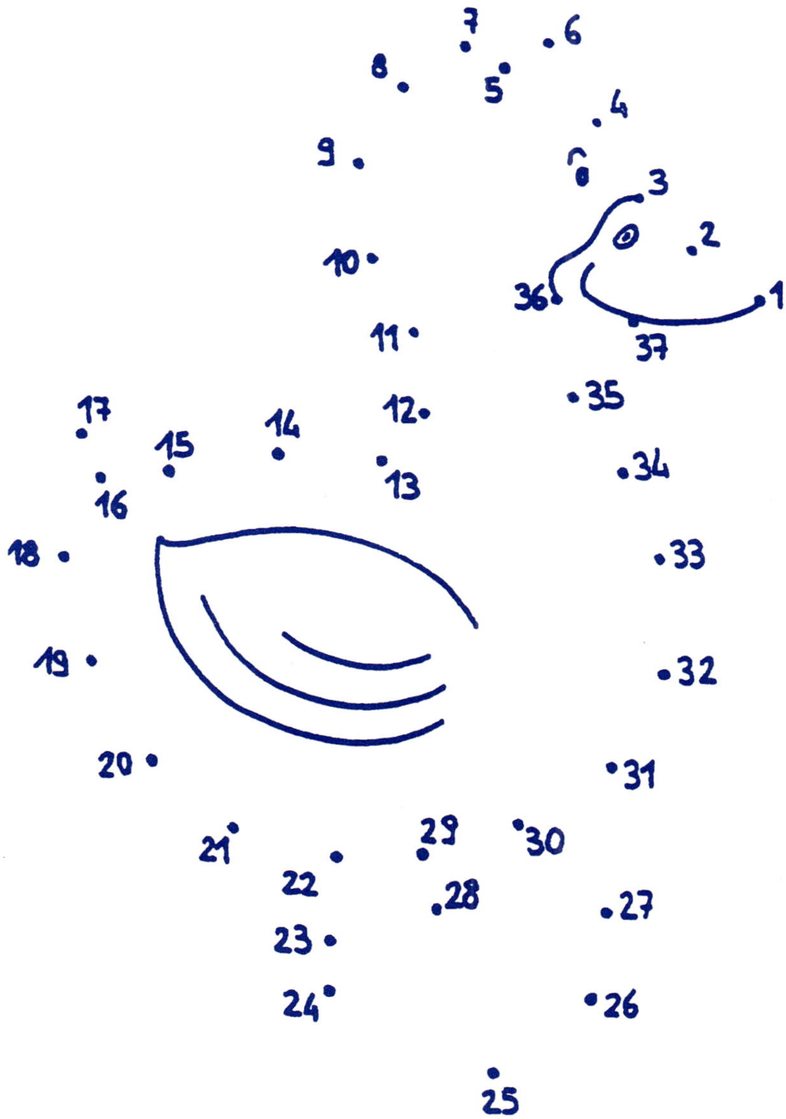

Lösung: Ente

Aus: *Activity Book, English for Kids from 1 to 6*, hpt-breitschopf, 1995

4. Das Bild soll in den Raster der gegenüberliegenden Seite eingetragen werden.

Auf diese Weise kann man rechtshirndominante Schüler schon beim ersten Auftreten von Schwierigkeiten unterstützen und ein Ausdehnen dieser spezifischen Problematik auf höhere Schulstufen vermeiden. Diese zeigt sich beim Lesen in der Form, dass zwar flüssig gelesen wird, aber nicht immer genau das, was tatsächlich im Text steht. Oft kommt man den „Dichtern“ nur auf die Spur, wenn man genau mitliest.

Bei **linkshirnorientierten Schülern** zeigt sich beim Lesenlernen eine ganz andere Problematik. Sie „lesen“ Buchstabe für Buchstabe und können die einzelnen „Details“ nicht zu einem Ganzen, also einem Wort, zusammenfügen.

M a m a **Mama**

Auch diese Kinder nehmen ihre Schwierigkeiten in höhere Schulstufen mit, Dort lesen sie dann Wort für Wort, erfassen aber keinen Satzzusammenhang. Das Lesen klingt sehr monoton und allein vom Zuhören kann man nicht erkennen, wann ein Satz zu Ende ist und ein neuer beginnt. Auch andere Satzzeichen wie Kommata, Fragezeichen und Ausrufezeichen kann man beim Zuhören nicht erkennen.

Für diese Schüler ist die Aktivierung der rechten Hemisphäre eine große Hilfe. Alle Aufgaben zielen darauf hin, aus Einzelheiten ein Ganzes zu formen, den Blick fürs Ganze zu schulen.

1. Aus einem Buchstabensalat wird ein ganzes Wort gebildet, dabei können die Buchstaben auch in eine Blase geschrieben werden.

2. Erkennen von gleichen Wortbildern: Wörter werden in verschiedener Größe und auch in anderer Schreibebene geschrieben; gleiche werden mit einer Farbe eingekreist.*

3. Ausgeschriebene Wörter und Schattenwortbilder werden zusammengesucht.

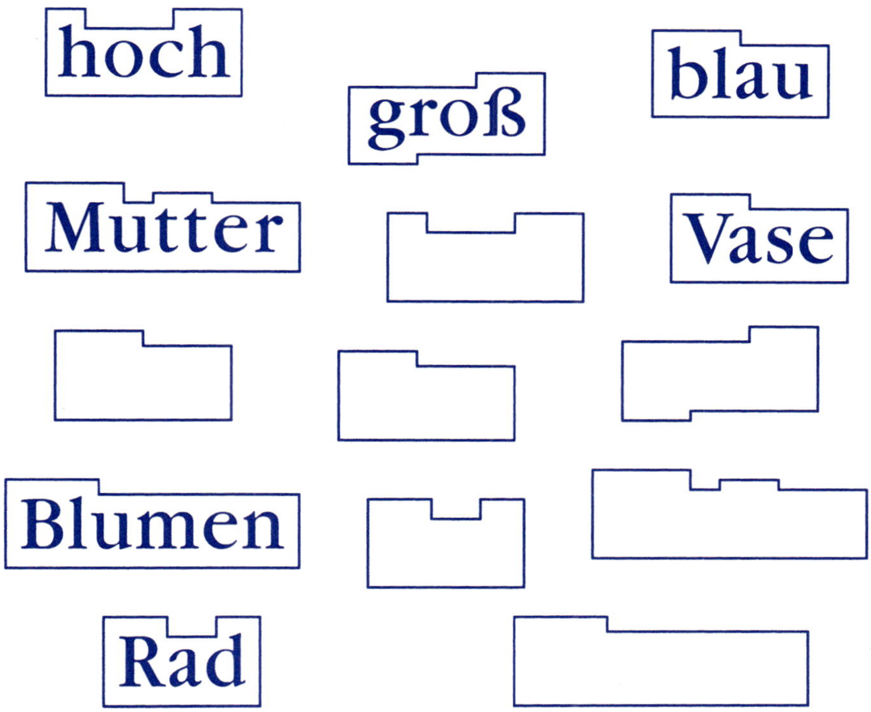

* Nach Schmölzer, *Fördermaterial Deutsch 2.* L1, Hölder-Pichler-Tempsky, 1991

4. Ein in Segmente zerschnittenes Bild muss in der richtigen Reihenfolge nummeriert werden. Zuerst mit Zerschneiden – dann ohne Zerschneiden.

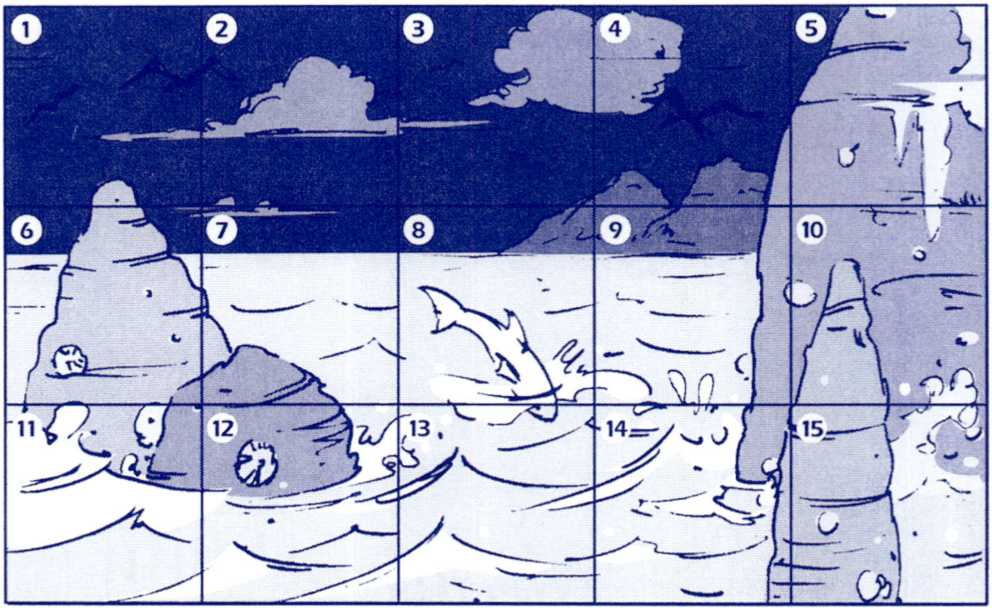

5. Scrabbel

Aus einzelnen Buchstaben werden Wörter gebildet. Jeder Spieler bekommt eine bestimmte Anzahl an Buchstaben. Wer als Erster aus allen Buchstaben Wörter bilden kann und keinen Buchstaben mehr hat, der hat gewonnen.

Abhilfe schafft hier in jedem Fall **eine Integration der beiden Gehirnhälften.** Haben die Kinder Zugriff auf das Erfassen von Details und können sie diese dann zu einem Ganzen zusammenfügen bzw. zusammenschleifen, ist das Lesen bald kein Problem mehr.

Aber auch der umgekehrte Vorgang, nämlich das Erkennen des Wortbildes mit gleichzeitiger Identifizierung der einzelnen Buchstaben, bringt Erfolg beim Lesen.

Schreiben

Auch für das Schreiben ist eine gute Hemisphärenintegration von Bedeutung. Sie ist hilfreich beim Erlernen der Schrift, da erst durch sie die beiden Bewegungsrichtungen (*im* Uhrzeigersinn und *gegen* den Uhrzeigersinn) frei zur Verfügung stehen.

Jeder Hemisphäre ist eine Bewegungsrichtung zugeordnet. Der analytischen die *im* Uhrzeigersinn.

Mit der intuitiven Gehirnhälfte ist die Bewegungsrichtung *gegen* den Uhrzeigersinn assoziiert.

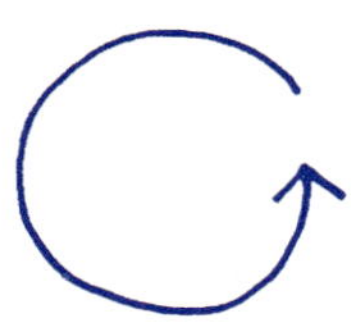

Hemmt eine Blockade den Zugriff auf eine der beiden Hemisphären, so ist auch oft eine der beiden Bewegungsrichtungen blockiert.

Beim Schreiben von Girlanden, die sehr oft als Vorübung für die Schrift eingesetzt werden, kann man das beobachten. Liegt eine Blockade vor, gelingen die Girlanden nicht nach beiden Seiten gleich gut.

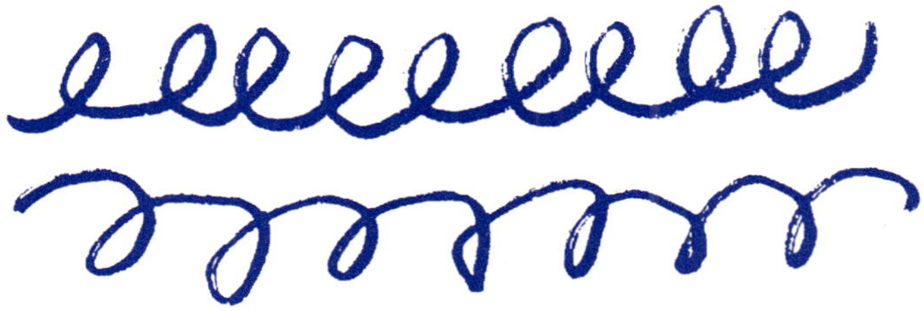

Dabei ist die freie Verfügbarkeit der beiden Bewegungsrichtungen eine wesentliche Voraussetzung für die Schreibschrift, da die Buchstaben abwechselnd eine Bewegungsrichtung im und gegen den Uhrzeigersinn erfordern.

Aber auch für die Druckschrift ist eine gute Kommunikation zwischen den beiden Hemisphären von Bedeutung. Beobachtet man Kinder beim Ziehen von Kreisen, so fallen immer wieder Schüler auf, die Kreise nur in eine Richtung flüssig schreiben können. Manchmal können sie diese Kreise auch nur beim Zeichnen in diese Richtung schließen.

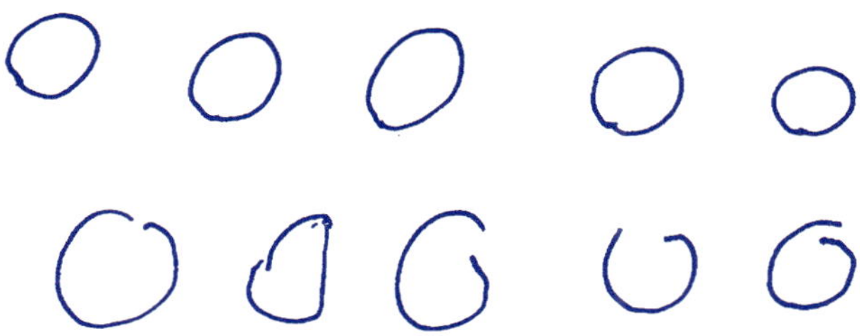

Sogar bei Schülern höherer Schulstufen konnte ich diese Auffälligkeit beobachten. Meistens dann, wenn sie an der Tafel Ziffern schreiben sollten und ich ihnen dabei zusah, fiel mir auf, dass manche Ziffern in einer auffälligen Art gezogen wurden,

im Uhrzeigersinn   von unten nach oben

Ein Blick in die Hefte dieser Kinder bestätigte die Theorie, dass für eine gut leserliche, um nicht zu sagen schöne Schrift beide Bewegungsrichtungen frei verfügbar sein müssen.

Aber auch manche Schreibfehler lassen sich zum Teil auf diese eben beschriebenen Blockaden zurückführen. Vor allem beim Schreiben der Druckschrift unter diesen Bedingungen schleichen sich oft Fehler ein. Genauer möchte ich diese Behauptung an den Buchstaben b und d erklären. Wenn Schüler beim Schreiben von b und d den Bauch des Buchstabens immer in die gleiche Richtung ziehen, also zum Beispiel gegen den Uhrzeigersinn, müssen sie jedesmal nachdenken, ob sie jetzt ein b oder ein d schreiben. Dasselbe gilt für g und p bzw q.

Wir denken beim Schreiben dieser Buchstaben nicht nach, da durch die unterschiedliche Bewegungsrichtung beim Ziehen des Buchstabenbauches dieser Buchstabe automatisiert ist.

Wird das Grundprogramm zum Aktivieren der Hemisphärenintegration speziell zur Verbesserung der Schrift eingesetzt, empfehle ich zusätzlich das Schreiben von Liegenden Achtern.

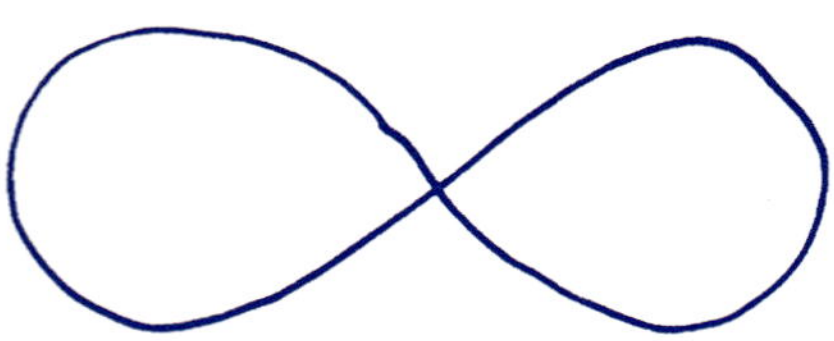

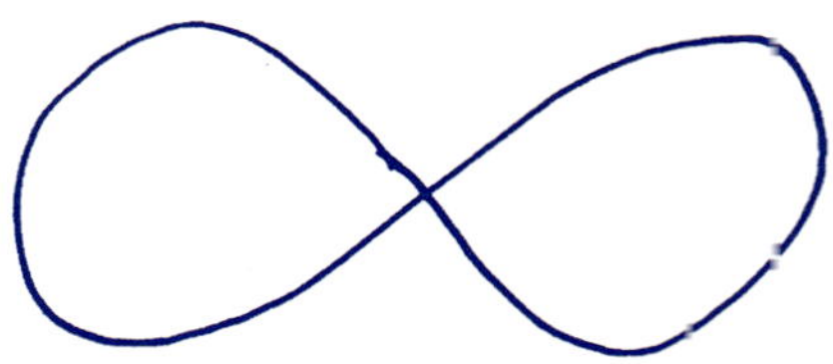

Diese Achter können in jeder beliebigen Größe gezogen werden, wobei ich ein großes Format zu Beginn bevorzuge. Das Kind soll sich beim Üben genau vor der Mitte des Blattes befinden und über das ganze Blatt eine gleichmäßige Achterschleife ziehen. Was dem Kind im blockierten Zustand nicht auf Anhieb gelingen wird.

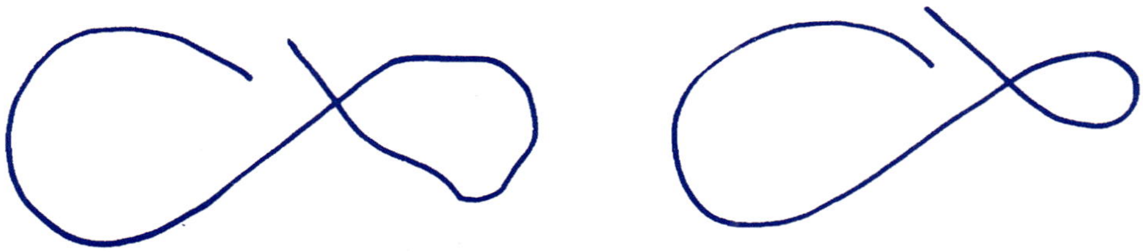

Beim Ziehen der Achterschleife wird zuerst die Schreibhand eingesetzt und dann die andere Hand. Nun soll das Kind in jede Hand ein Schreibgerät nehmen und die beiden Stifte miteinander über das Papier führen. Zuletzt sollen wieder beide Hände zum Einsatz kommen, nun aber die Schleifen gegengleich gezogen werden,

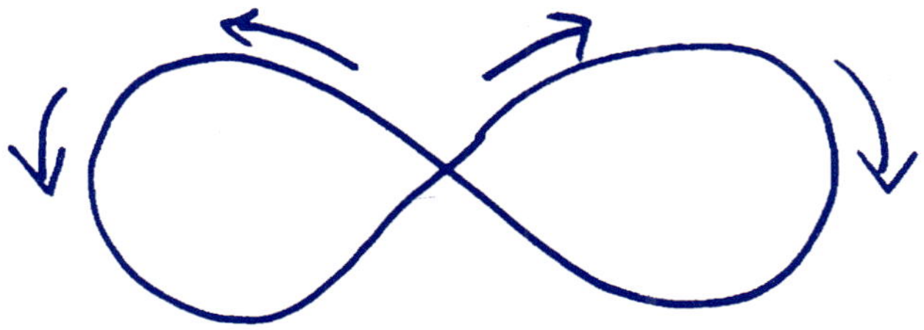

Die Funktionslust kann aufrechterhalten werden, wenn man verschiedene Schreibgeräte einsetzt, auf unterschiedlichen Materialien schreibt und die Schreibebene ändert.

Einige Möglichkeiten möchte ich dazu anführen: mit Tafelkreide auf dunklem Packpapier; mit Fingerfarben auf Tapetenresten; mit Ölkreide auf verschiedenfarbigem Tonpapier; mit Stäbchen in Sand.

Visueller Bereich

Neben einem entsprechenden Energieniveau und einer guten Hemisphärenintegration stellt auch ein aktivierter visueller Bereich eine Grundvoraussetzung für viele Lernprozesse dar.

Auf die Bedeutung des binokularen Sehens und des stressfreien Kreuzens der Mittellinie habe ich schon im vorigen Kapitel hingewiesen, weil dadurch erst ein Lernen im Mittelfeld möglich wird.

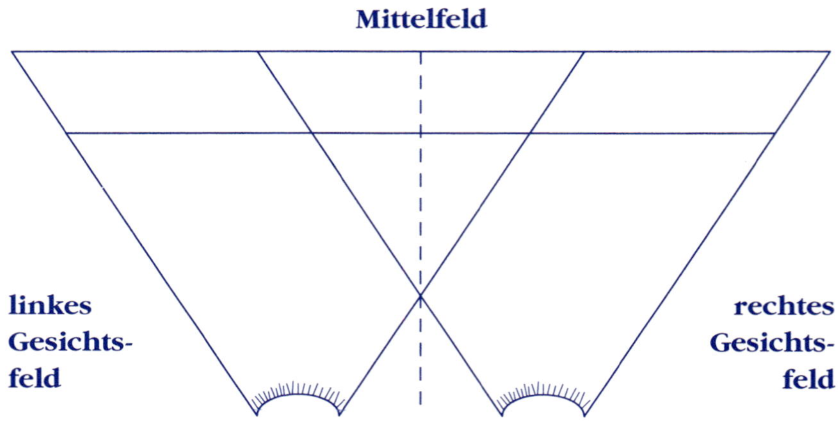

Der Winkel unseres gesamten visuellen Feldes beträgt ungefähr 180°. Jedes Auge deckt dabei annähernd 120° ab. Die Überlappung der beiden Felder wird als Mittelfeld bezeichnet und umfasst ungefähr 60°. Das gesamte visuelle Feld wird somit in die drei Bereiche links, Mitte und rechts eingeteilt, wobei jeder Bereich ungefähr 60° abdeckt. Beim Lesevorgang und auch beim Schreiben werden von links beginnend der Reihe nach alle drei Bereiche aufgesucht,

Aus der Skizze ersehen wir, dass dabei im linken Bereich die rechte Hemisphäre dominant ist, im mittleren eine Zusammenarbeit zwischen linker und rechter Gehirnhälfte erfolgen muss, während im rechten Bereich wieder eine Dominanz auftritt, jetzt aber die der linken Hemisphäre.

Bewegt man die Augen entlang einer horizontalen Linie vom äußersten linken zum äußersten rechten Blickfeld, werden diese drei Bereiche der Reihe nach durchlaufen. Sind alle Bereiche gut verfügbar, wird diese Aufgabe keine Schwierigkeit bereiten. Ist das jedoch nicht der Fall, werden sich bereits bei dieser einfachen Augenfolgebewegung Auffälligkeiten zeigen. Diese können sich in einem Flackern der Augen während der Bewegung zeigen oder in „Augensprüngen“. Fehlt es an einer guten Integration der Hemisphären, dann werden diese Augensprünge vor allem beim Überqueren der Mittellinie zu beobachten sein.

Die Entstehung des Sehbildes

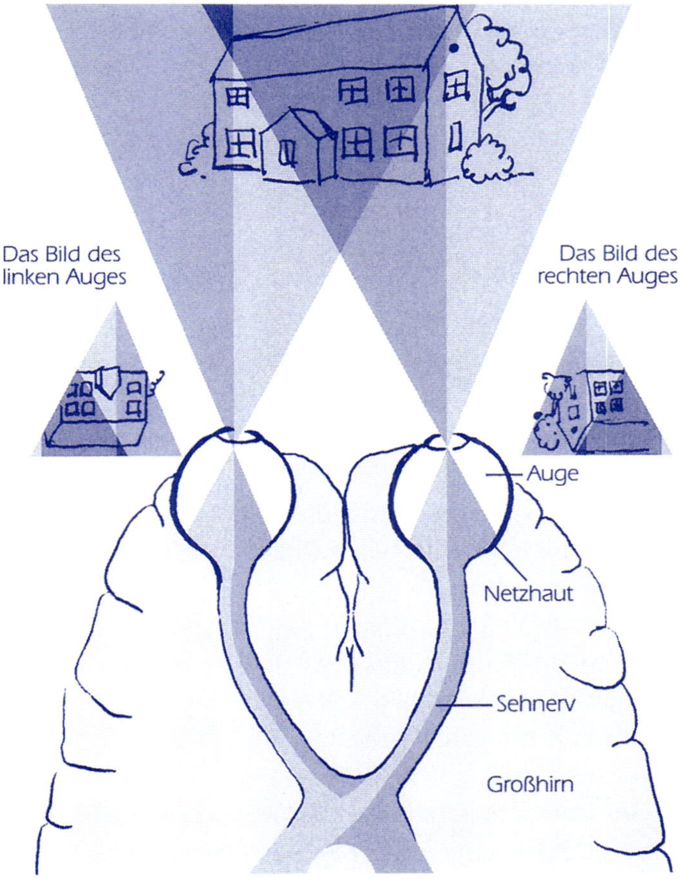

Ein häufiger Grund, warum Kinder in die Lernberatung kommen, sind Probleme beim Lesen und Schreiben. Zeigen sich schon bei den ersten Testfolgen Auffälligkeiten bei der Augenfolgebewegung, frage ich mich immer wieder: „Wie kann man von solchen Schülern erwarten, dass sie lesen können, wenn ihnen schon das Bewegen der Augen an und für sich Probleme bereitet?“

In diesen Fällen müssen zuerst einmal die strukturellen Voraussetzungen in Form einer stressfreien Augenbewegung geschaffen werden, erst dann kann am Lesen selbst gearbeitet werden. Bisher hat man sich vorwiegend nur um das Symptom selbst, das heißt um das stockende Lesen, gekümmert. Der Erfolg hat sich in vielen Fällen nur sehr mühsam, wenn überhaupt, eingestellt. Arbeitet man jedoch zuerst in der Ursachenebene, wie sie der visuelle Bereich oder die Hemisphärenintegration darstellt, werden die fürs Lesen und Schreiben wichtigen Systeme aktiviert und stehen dem Körper zur Verfügung. Nun kann am Symptom selbst, zum Beispiel dem Lesen, sinnvoll gearbeitet werden.

Entstressen der Augenfolgebewegung

Können Sie bei Ihrem Kind Auffälligkeiten beim Tracking der Augen feststellen, empfehle ich folgende Vorgehensweise.

1. Sie bewegen einen bunten Gegenstand in einem Abstand von ungefähr 30 Zentimetern in Form eines Scheibenwischers vor den Augen Ihres Kindes hin und her und beobachten dabei die Augenfolgebewegungen. Notieren Sie, welche Bereiche besonders auffällig sind.

2. Sie wiederholen den Vorgang und das Kind rubbelt dabei die „Gehirnknöpfe“ (aus Brain-Gym©). In vielen Fällen wird diese Aktivierung schon eine leichte Besserung bringen.

3. Wieder bewegen Sie den Gegenstand vor den Augen des Kindes hin und her, nur jetzt hält es, während mit den Augen der Gegenstand verfolgt wird, die Stirnbeinhöcker. Die Augenfolgebewegung wird sich weiter verbessern.

Vielen Kindern mit Lernschwierigkeiten bereitet schon allein das Hin-und-her-Bewegen der Augen Schwierigkeiten. Sie müssen sich dafür richtig anstrengen und klagen im Anschluss daran über Symptome wie Augentränen und Augenschmerzen. In seltenen Fällen verspüren sie einen leichten Schwindel oder einen Anflug von Kopfschmerzen.

Aus diesem Grund sollten Auffälligkeiten jeder Problematik immer zuerst von einem Arzt abgeklärt werden. Diese Empfehlung gilt nicht nur für den visuellen Bereich, sondern ganz allgemein.

Sind medizinische Indikationen auszuschließen, kann die Ursache im energetischen Bereich liegen. In vielen Fällen kann die Kinesiologie korrigierend oder zumindest unterstützend eingesetzt werden. Kinesiologie vermag unglaublich viel in der Hand von Fachleuten. Vor allem dann, wenn sie auf einem bereits vorhandenen Grundwissen aufgebaut wird. Ich kenne einige Ärzte, die neben ihren schulmedizinischen Möglichkeiten zur Behandlung ihrer Patienten auch kinesiologische Techniken einsetzen. Ihre Erfolge sind sehr groß und die Wartelisten dementsprechend lang.

Den gleichen Erfolg kann ich für mich im Bereich Lernen verbuchen, nachdem ich die Kinesiologie in mein bereits vorhandenes pädagogisches Wissen integrierte. Gerade weil ich von dieser jungen Wissenschaft so viel halte, ist es mir immer ein Anliegen, ihre unglaublichen Möglichkeiten, aber auch ihre Grenzen aufzuzeigen. Kinesiologie vermag viel, aber nicht alles. Aufgehoben ist sie am besten in der Hand von Fachleuten.

Haben blockierte Augenbewegungen keine medizinische Indikation, dann gilt es, mit einem Übungsprogramm den visuellen Bereich zu aktivieren; dafür wurden einige der Übungen aus der Optometrie übernommen und entsprechend adaptiert. (Vgl. dazu die nachfolgenden Seiten.)

Die Bewegungen des Auges

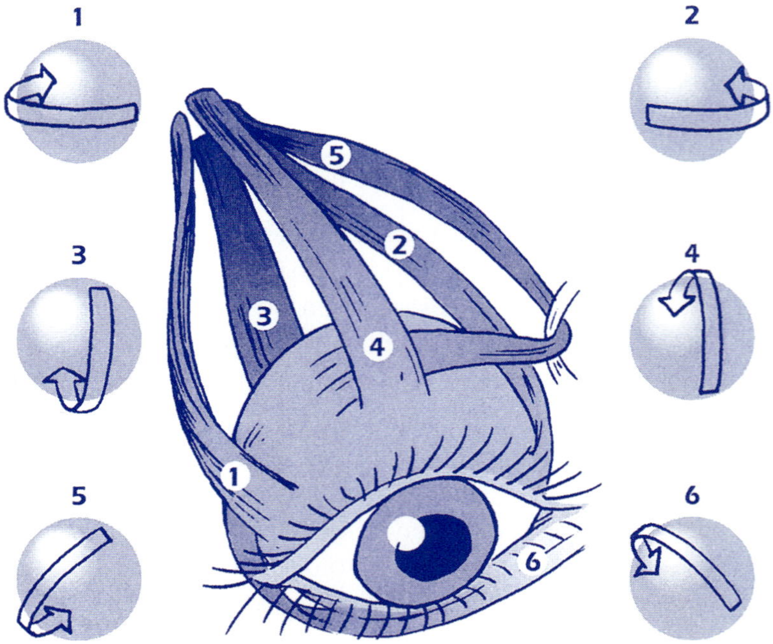

Der Augapfel wird von sechs Muskeln bewegt:
1 – Drehung nach außen
2 – Drehung nach innen
3 – Hebung
4 – Senkung
5 – Drehung nach außen und Senkung
6 – Drehung nach außen und Hebung

Anhand dieser Skizze kann man Kindern sehr gut verständlich machen, dass das Auge nur dann gut bewegt werden kann, wenn die Augenmuskeln trainiert werden. So, wie ein Läufer die Beinmuskulatur stärken muss, um erfolgreich zu sein, muss ein Schüler Übungen für seine Augenmuskeln machen. Egal, ob gelesen, geschrieben oder von der Tafel abgeschrieben wird, immer sind die Augen an diesen Tätigkeiten beteiligt. Funktionieren sie gut, fallen diese Tätigkeiten leichter.

Grundprogramm visueller Bereich

AUFWECKER

Zeige- und Mittelfinger einer Hand berühren den Nabel; Daumen, Zeige- und Mittelfinger der anderen Hand massieren unterhalb des Schlüsselbeins.

Dauer: 1 Minute

ERDKNÖPFE

Zeige- und Mittelfinger der einen Hand berühren den Nabel, Zeige- und Mittelfinger der anderen Hand liegen unterhalb der Unterlippe. Tief atmen und Handwechsel.

Dauer: je 1 Minute

RAUMKNÖPFE

Zeige- und Mittelfinger der einen Hand berühren den Nabel, Zeige- und Mittelfinger der anderen Hand liegen oberhalb der Oberlippe. Tief atmen und Handwechsel.

Dauer: je 1 Minute

ÜBERKREUZ-BEWEGUNG

Mit dem linken Ellbogen das rechte Knie berühren und umgekehrt.

Dauer: mindestens 1 Minute

EULE

Mit der rechten Hand den linken Schultermuskel zwischen die Finger nehmen und zusammendrücken. Kopf wie Eule zur Seite drehen - einatmen, Kinn senken und ausatmen.

Dauer: je 1 Minute

LIEGENDE ACHT

Rechten Arm strecken, große Achterschleifen in Augenhöhe von der Mitte nach links oder rechts oben ziehen. Armwechsel. Dann mit beiden Armen Achter in die Luft zeichnen.

Dauer: je 10-mal

Kinderseite

Grundprogramm visueller Bereich

Auf dieser Seite kannst du Bezeichnungen für die Übungen finden und hineinschreiben und die Bilder anmalen.

Grundprogramm visueller Bereich

Wirkung der Übungen

Aufwecker: Zusammenschalten beider Gehirnhälften; gegen Müdigkeit und Lustlosigkeit

Erdknöpfe: fördert das visuelle Anpassen vom Fern- zum Nahsehen, die Augen können waagrecht und senkrecht ohne Verwirrung bewegt werden; Hilfe beim Lesen, in der richtigen Zeile zu bleiben

Raumknöpfe: macht frisch, wach und aufnahmefähig, gute Übung für Abschreiben von der Tafel

Überkreuzbewegung: Beide Gehirnhälften werden gleichzeitig stimuliert; Raumbewusstsein, plastisches Sehen, besseres Lernen

Eule: verbessert die Körperhaltung, gesteigerte Denk- und Merkfähigkeit, Verbesserung der Hand-Augen-Koordination

Liegende Acht: verbessert Balance, Koordination und Zentrierung, fördert Unterscheiden und Merken von Symbolen

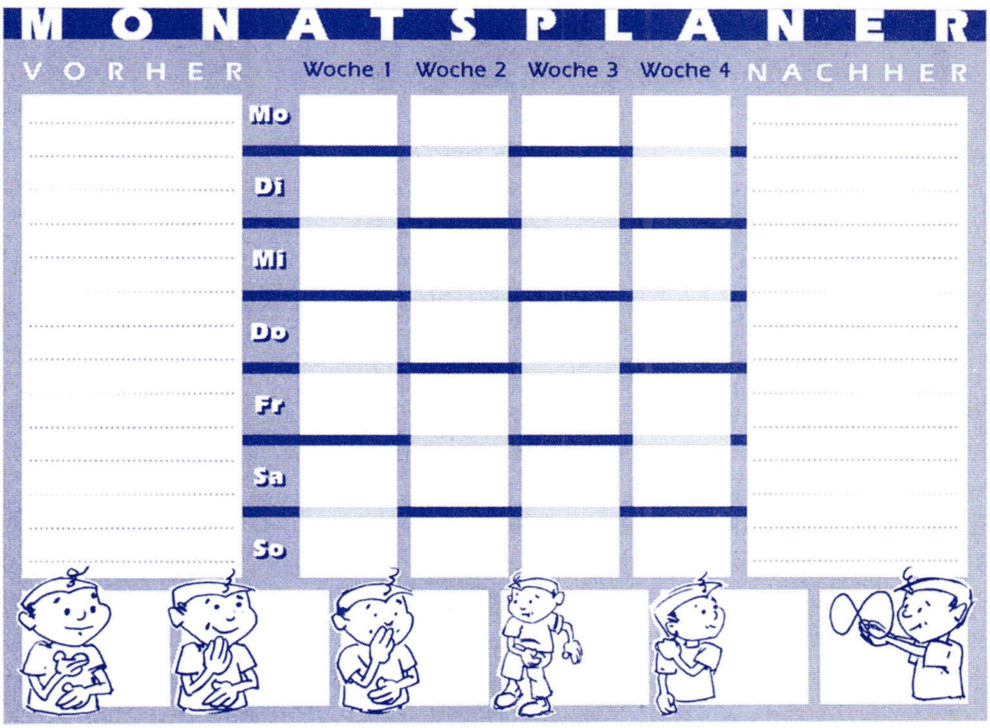

Sicher gehört auch die Liegende Acht zu dieser Übungsfolge. In das Grundprogramm habe ich sie deshalb nicht aufgenommen, weil ich in der Praxis die Erfahrung gemacht habe, dass gerade diese Übung Kindern mit Problemen im visuellen Bereich sehr schwer fällt. Entweder sie geben sehr bald auf, weil sie überfordert sind, und lehnen gleich das ganze Übungsprogramm ab oder sie lösen diese Aufgabe irgendwie. Sie wedeln mit der Hand und schauen irgendwohin. In dieser Form wird die Übung dann auch dementsprechend wenig bringen.

Daher möchte ich folgende Empfehlung geben: Gibt es keine großen Probleme mit den Liegenden Achtern, dann wird diese Übung als Nummer 6 dem Programm beigefügt und je zehnmal mit der rechten, der linken und mit beiden Händen ausgeführt.

Zeigen sich aber im visuellen Bereich große Auffälligkeiten, dann liegt der Schwerpunkt zuerst einmal bei den im Grundprogramm angeführten Übungen. Wird ihre Ausführung mühelos beherrscht, beginnt man die Augenfolgebewegung auf einen Kreis auszudehnen, der sowohl im Uhrzeigersinn als auch gegen den Uhrzeigersinn gezogen wird.

Bereitet auch diese Übung keine Probleme mehr, beginnt die Übung an den Liegenden Achtern. Das Übungsziel beträgt wieder je zehn mit rechter, linker und mit beiden Händen, doch sollte dieses Ziel langsam angestrebt werden. Am Anfang bedeuten auch schon zwei gut ausgeführte Liegende Achter einen großen Erfolg.

Zur Variation dieser Übung kann eine Taschenlampe eingesetzt werden. In diesem Fall schauen die Kinder der Leuchtspur nach.

Eine weitere zusätzliche Übung, die eine Aktivierung des visuellen Bereiches wirkungsvoll unterstützt, ist das beidhändige Zeichnen.

Diese Übung schult das periphere Sehen und hilft uns, den Überblick zu behalten. Besonders mit Musikuntermalung macht die Ausführung Spaß. Man kann die Hände wie ein Dirigent schwingen und die Bewegung dem jeweiligen Rhythmus anpassen.

Wird diese Übung in der Klasse ausgeführt, kann sie auch als Partnerübung gemacht werden, wobei immer ein Kind die Führung übernimmt und das andere die Bewegung spiegelt. Werden die Partner getauscht und wechselt der Rhythmus des Musikstückes, beinhaltet diese Übung auch soziales Lernen. Die Kinder werden dazu angehalten, den Mitschüler wahrzunehmen und sich auf ihn einzustimmen.

Nicht nur in Form des Dirigierens kann diese Übung ausgeführt werden, sondern auch mit Schreibgeräten auf Papier. Die Kinder nehmen Ölkreiden, Buntstifte, Kohlestifte oder Malfarben und zeichnen auf ein Zeichenblatt, einen Naturpapierbogen oder auf Packpapier mit beiden Händen gleichzeitig ein Muster. Dabei spiegelt die eine Hand das Muster der anderen. Das kann ohne Musikstück gemacht werden, oder es erfolgt durch den Einsatz unterschiedlicher Musikstücke eine bewusste Steuerung.

Beobachtet man Kinder beim Üben der Liegenden Acht, so kann man auf Grund der Ausführung dieser Übung einiges über die Verfügbarkeit der Blickrichtungen herauslesen:

a)

b)

c)

d)

Jedes Kind wird bei der Durchführung dieser Übung versuchen, in seiner Komfortzone zu bleiben. Das ist der Bereich, der stressfrei zur Verfügung steht.

Ist diese stressfreie Verfügbarkeit im oberen Bereich nicht gegeben (siehe Skizze c), dann wird der Schüler in vielen Fällen fehlerhaft von der Tafel abschreiben. Die Fehlerquote wird steigen, je höher die Tafel geschoben wird. Bis zur Aktivierung des oberen Blickfeldes ist es diesen Schülern eine große Hilfe, wenn sie den Text von einem Zettel abschreiben können, der auf ihrer Bank liegt.

Ist nur ein Bereich des oberen Blickfeldes abgeschaltet, sollte man genau darauf schauen, auf welchem Platz der Schüler in der Klasse sitzt und welches Blickfeld er beim Abschreiben von der Tafel einsetzt. Nehmen wir an, Toni hat das linke obere Blickfeld abgeschaltet. Sitzt er so, dass er beim Abschreiben des Tafeltextes nach links oben schauen muss, dann ist die Wahrscheinlichkeit, dabei Fehler zu machen, viel größer, als wenn er dafür das rechte Blickfeld einsetzt. Eine Versetzung in die für ihn günstigere Sitzposition bedeutet eine Soforthilfe.

Nachdem ich gelernt hatte, auch diese Dinge zu beachten, kamen mir immer wieder Zweifel wegen der offenen Sitzordnung meiner Schüler, die zwar den modernen Unterrichtsformen wesentlich mehr entspricht, aber problematisch beim Umsetzen der eben beschriebenen Aspekte ist. Es ist allerdings schon ein großer Schritt weiter, wenn man sich als Lehrer dieser Lernbehinderungen bewusst wird und sie gegebenenfalls berücksichtigen kann.

Bei vielen Kindern verbessern sich, bedingt durch das Ausführen der Übungsprogramme, die Augenbewegungen immer mehr, und auch die einzelnen Blickfelder stehen besser zur Verfügung. In Einzelfällen bleibt das eine oder andere Blickfeld auffällig.

Das kann darin begründet sein, dass die verschiedenen Augenstellungen mit ganz spezifischen Schaltungen im Gehirn korrespondieren. Über Blickrichtungen werden Informationen in unserem Gehirn eingespeichert: positive Erfahrungen, aber auch negative, die uns belasten und für die es im Moment keine Lösung gibt. Über Blickrichtungen können wir aber auch Erinnerungen abrufen.

Aus diesem Grund wandern unsere Augen beim Nachdenken herum und suchen – vereinfacht ausgedrückt – die richtige Tür, um die entsprechende Information abrufen zu können. Gibt es dabei Erinnerungen, die für uns mit großem Stress verbunden sind, schließt unser Gehirn quasi diese Tür und damit auch die Erinnerung an ein bestimmtes Erlebnis zu. Das kann zur Folge haben, dass die damit verbundene Blickrichtung auch nicht mehr zur Verfügung steht.

Bedingt durch den Größenunterschied zwischen Kindern und Erwachsenen wird das Kind nach oben schauen, wenn es ausgeschimpft oder getadelt wird. In dieser Tatsache liegt zum Teil die Erklärung, warum bei so vielen Kindern das obere Blickfeld abgeschaltet ist.

Zur Entstressung der Blickrichtung kann die gleiche Technik verwendet werden wie beim Entstressen der Augenfolgebewegung.

Entstressen von Blickrichtungen

1. Das Kind führt mit der Hand einen Liegenden Achter aus und verfolgt dabei seine Finger. Die Blickfixierung fällt leichter, wenn die Finger entweder leicht bewegt werden oder wenn zum Beispiel, wie in unserem Lernstudio, eine Fingerpuppe eingesetzt wird.

Die auffälligen Bereiche werden notiert und eine Priorität wird festgelegt.

2. Das Kind rubbelt die Aufwecker und der Lehrer hält die Finger in die blockierte Blickrichtung. Ist eine Verbesserung im Zugriff auf diese Blickrichtung erkennbar, wird (mit der Blickrichtung als Zentrum) mit der Hand ein Kreisbogen vorgegeben, dem nachgeschaut werden muss.

3. Der Schüler führt nun zur Kontrolle selbst wieder den Augenachter aus und wird dabei beobachtet. Sollte die Bewegung der Augen dabei noch nicht voll zufrieden stellend sein, wird Punkt 2 wiederholt. Nur wird das Rubbeln der Aufwecker durch Halten der Lichtschalter ersetzt.

Reichen diese Vorgehensweisen zur Behebung der Blockade nicht aus, muss ein Kinesiologe aufgesucht werden, dem dafür noch eine Reihe anderer Techniken zur Verfügung stehen.

Hand-Augen-Koordination

Stehen der koordinative Bereich und auch der visuelle Bereich dem Schüler zur Verfügung, gilt es, der Hand-Augen-Koordination Aufmerksamkeit zu widmen. Immer wieder kann ich in der Praxis beobachten, dass Kinder die Achterschleife recht gut verfolgen können, wenn ich sie mache oder zumindest ihre Hand dabei führe. Sind sie aber dazu genötigt, selbst die Bewegung auszuführen und dabei gleichzeitig die Finger zu verfolgen, treten oft Schwierigkeiten auf.

Dabei ist eine aktivierte Hand-Augen-Koordination eine weitere Voraussetzung für die Schrift, für die auch eine entsprechende Raumorientierung von Bedeutung ist.

Parallel zum Üben des Grundprogramms zum Aktivieren der Hand-Augen-Koordination sollte eine Reihe von zusätzlichen Übungsmöglichkeiten eingesetzt werden. Einige davon möchte ich vorstellen:

Dinge ertasten
Auf einem Tisch werden in einem größeren Abstand voneinander Dinge deponiert, deren Position sich das Kind gut einprägen soll. Nun werden die Augen verbunden und das Kind muss den vorgegebenen Gegenstand mit einem Griff erwischen.

Indiaca
Er sieht aus wie ein kleiner Sandsack und wird mit der offenen Handfläche geschlagen. Nach anfänglichen Fehlschlägen funktioniert das sehr rasch recht gut. Indiaca kann paarweise gespielt werden, in der Art wie Federball, nur eben mit der Hand als Schläger, aber auch als Gruppenspiel zu viert, sechst oder acht kann es eingesetzt werden. Je nach der Teilnehmerzahl wird die Größe des Feldes bestimmt. In der Feldmitte kann ein Netz gespannt werden. Eine Schnur erfüllt den gleichen Zweck und ist vielleicht schneller zur Hand.

Auch die Spielregeln können variabel ausgelegt werden. Entweder der Ball muss bei jedem Schlag ins gegnerische Feld gespielt werden oder er darf bzw. muss bis zu dreimal im eigenen Feld gespielt werden, Es kann auch die Regel aufgestellt werden, dass jeder Spieler einer Mannschaft den Ball einmal berührt haben muss, bevor er ins gegnerische Feld gespielt werden darf.

Grundprogramm zur Hand-Augenkoordination

COOK IM SITZEN

Rechtes Bein über linkes Knie. Linke Hand greift auf den rechten Außenknöchel, rechte Hand umfasst den rechten Fußballen (1Minute). Dann gerade sitzen, Fingerspitzen berühren einander (1 Minute). Beinwechsel.

ÜBERKREUZ-BEWEGUNG

Mit dem linken Ellbogen das rechte Knie berühren und umgekehrt.

Dauer: mindestens 1 Minute

ELEFANTEN-WIEGE

Beine schulterbreit stellen. Ohr liegt an der Schulter. Mit ausgestrecktem Arm Achterschleifen in die Luft zeichnen. Schleife stets von der Mitte nach links oder rechts oben ziehen. Handwechsel.

Dauer: je 10-mal

ALPHABET-ACHTER

Einige Liegende Achter machen und aus den Achterschleifen Kleinbuchstaben werden lassen - linke Schleifen: a, c, d, e, g, o, q, s, in die rechten Schleifen: b, h, m, n, p, r, in die Mitte: f und t. Dauer: mindestens je 3 Minuten

BEIDHÄNDIGES ZEICHNEN

Bequem stehen, mit beiden Händen gleichzeitig in Augenhöhe von der Mitte beginnend ein und dieselbe Figur spiegelbildlich zeichnen.

Dauer: mindestens 1 Minute

Kinderseite

Grundprogramm zur Hand-Augenkoordination

Auf dieser Seite kannst du Bezeichnungen für die Übungen finden und hineinschreiben und die Bilder anmalen.

Grundprogramm zur Hand-Augen-Koordination

Wirkung der Übungen

Cook im Sitzen: fördert Aufmerksamkeit, Entspannung, Selbstwertgefühl, Koordination

Überkreuzbewegung: Beide Gehirnhälften werden gleichzeitig stimuliert; Raumbewusstsein, plastisches Sehen, besseres Lernen

Elefantenwiege: entspannt die Nackenmuskulatur, verbessert das Gleichgewichtsgefühl, fördert Hörverstehen und stressfreies Sprechen

Alphabet-Acht: fördert die Augen-Hand-Koordination, verbessert die Unterscheidung der Buchstaben

Beidhändiges Zeichnen: verbessert Groß- und Feinmotorik, aktiviert Augen-Hand-Koordination

Schweifball

Den Schweifball kann man sich als einen Softball vorstellen, der in einem dreifarbigen Strumpf steckt.

Er wird dem Partner zugeworfen und muss am Schwanz gefangen werden, und zwar im Bereich der vorgegebenen Farbe.

Werfen, Fangen und Prellen verschieden großer und verschieden schwerer Bälle

Mit dieser Aufgabenstellung ist man auch allein für längere Zeit beschäftigt:

- unterschiedlich große Bälle hochwerfen und fangen,
- unterschiedlich große Bälle prellen; dasselbe im Vorwärts-, im Rückwärts-, im Seitwärtsgehen machen,
- Bälle prellen und mit gekreuzten Händen auffangen,
- einen Ball hochwerfen und fangen, den anderen prellen,
- Ball unter den Beinen durchprellen,
- Ball hinter dem Rücken hochwerfen und wieder fangen,
- Ball an die Wand prellen und unter verschiedenen Bedingungen fangen.

Einige dieser Aufgaben können auch als Partnerübungen durchgeführt und ergänzt werden.

Sollen diese Aufgaben von mehreren Mitspielern gleichzeitig bewältigt werden, ist eine kreisförmige Aufstellung empfehlenswert. Auf ein gemeinsames Kommando hin kann der Ball dem Nachbarn zugespielt werden.

Eine gute Hand-Augen-Koordination ist notwendig, wenn in der Kreisaufstellung der Ball einem beliebigen Partner zugespielt werden darf und mehrere Bälle im Spiel sind. Bei dieser Spielform empfiehlt es sich, zwei „Läufer" außerhalb des Kreises zu postieren, deren Aufgabe es ist, nicht gefangene Bälle aufzuheben und wieder ins Spiel zu bringen.

Jonglieren

Jonglieren ist eine gute Übung zum Trainieren der Hand-Augen-Koordination. Bei den ersten Jonglierversuchen verwenden wir im Lernstudio immer Jongliertücher. Sie schweben langsam zu Boden, und man hat für die Koordination mehr Zeit. Das hat den Vorteil, dass nahezu alle Kinder diese Attraktion erlernen können. Wird der Bewegungsablauf einmal beherrscht, kann zu Jongliersäckchen und später zu Jonglierbällen gewechselt werden.

Diese schrittweise Steigerung von Schwierigkeiten sollte auch bei der tatsächlichen Schreibbewegung beibehalten werden.

Verbindung von Punkten

Punkte sollen in einem vorgegebenen Modus miteinander verbunden werden.

Lösung: 70

Punkte sollen in einer bestimmten Reihenfolge miteinander verbunden werden.

- Buchstaben der Reihe nach zu einer Figur verbinden.*

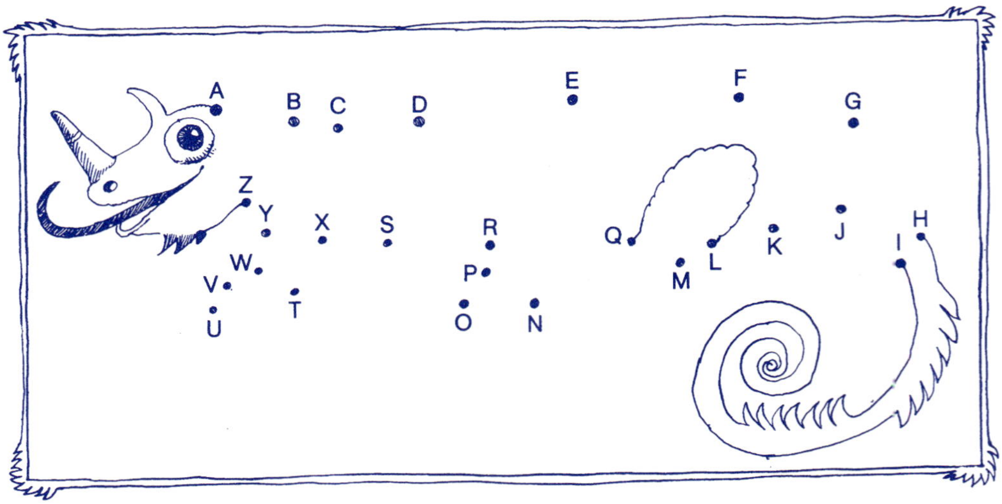

- Fortsetzen von vorgegebenen Mustern

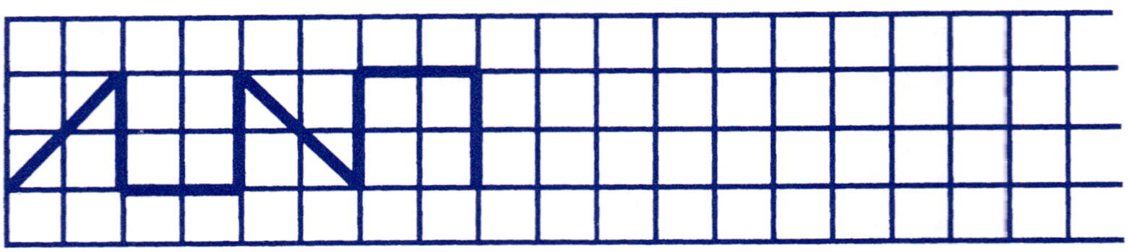

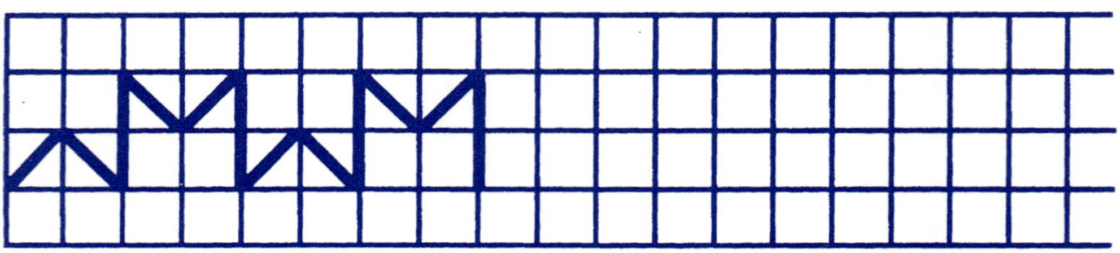

*Nach: Schmölzer, *Fördermaterial Deutsch 2*, R1, Hölder-Pichler-Tempsky, 1991

Geschwungener Irrgarten

- Geschwungene Linien nachziehen
- Durchpausen von Figuren
- Stickerfiguren mit klaren Konturen zum Durchpausen
- Kinder können sich damit ein kleines Plakat gestalten

Spezialprogramm Lesen

Die Bedeutung des Lesens für jeden Lernprozess ist vielen Schülern nicht bewusst. Aber wie sollen Kinder lernen können, wenn sie nicht über die Möglichkeit verfügen, über das Lesen den Lernstoff aufzunehmen? Ist die Lesefertigkeit nicht gut ausgebildet, brauchen sie sehr viel Energie, um Wörter überhaupt entschlüsseln zu können, und das Leseverstehen kommt zu kurz.

Soll das „Lesen“ verbessert werden, muss meiner Meinung nach schrittweise vorgegangen werden, indem zuerst an der Lesefertigkeit, dann am Leseverstehen und erst zuletzt am lauten Vorlesen gearbeitet wird. Für jeden dieser Bereiche sollte man sich genügend Zeit lassen und erst nach seiner Stabilisierung zum nächsten übergehen.

Bevor überhaupt eine sinnvolle Verbesserungsarbeit am Lesen einsetzen kann, sollte mit dem Kind folgender Punkt geklärt werden: „Warum und wozu sollst du besser lesen können?“

Ich habe diese Frage schon sehr vielen Schülern gestellt und selten sofort überzeugende Argumente gehört. Vielmehr sind mir in diesem Zusammenhang ratlose Gesichter und Schulterzucken in Erinnerung. Aber es ist wichtig, sich für die Klärung dieser Frage Zeit zu nehmen. Der Schüler muss wissen, wofür er arbeitet, dann wird er mit einer ganz anderen Motivation an die Aufgabe herangehen.

Mehr über ihre individuellen Interessengebiete zu erfahren ist für viele Kinder eine Motivation zum Lesen. Nur muss man ihnen in diesem Zusammenhang auch zeigen, wo sie Unterlagen, die ihrem Interesse entsprechen, erwerben oder zumindest ausborgen können.

Ist das Ziel einmal formuliert, kann die Arbeit am Verbessern des Lesens beginnen. Doch zuvor habe ich das Leseverhalten meiner Schüler immer mit einem Kassettenrekorder aufgenommen, um nach Durchführung des Verbesserungsprogramms auch die Leistungssteigerung dokumentieren zu können.

Das Programm zum Verbessern der Lesefertigkeit beginnt mit Voraktivitäten, die in bequemer Haltung (sitzend) durchgeführt werden sollen.

1. Der Schüler liest einen Text vor.

> Benedikt saß jetzt ganz aufrecht auf dem steinernen Stuhl. „Wovon redest du?“

Der Kirschbaum holte tief Luft.

„Das ist der Thron des Zuhörers. Wer auf diesem Thron sitzt, der kann Stimmen und Geschichten vernehmen, die sonst niemand hört. Es genügt schon, dass dieser Thron in einem Garten erscheint, bei Vollmond, wie bei dir. Als wir diesen Thron plötzlich da stehen sahen, da wussten wir: Jetzt bist du an der Reihe."

Und dass Julius da war, um dich im Traum zu besuchen und dich dann in den Garten zu locken, das war auch kein Zufall. Wir kennen ihn schon lange, den Thron des Zuhörers. Julius hat ihn schon mehrmals in den verschiedensten Gärten der Stadt stehen sehen. Aber er ist immer nur in Vollmondnächten ein Thron. In den anderen Nächten, an den anderen Tagen ist er ein unauffälliger, abgenützter Stuhl, den keiner beachtet. Doch in den Nächten, in denen der Vollmond ihm den Weg zu einem Haus, zu einem Garten weist, wird er zum Thron des Zuhörers. Er versammelt die Bäume und manchmal auch die Vögel um sich, auch die Katzen, die Maulwürfe, die Igel, Lebewesen aller Art. Und dann wird erzählt. Erzählt und zugehört.

Im Anschluss daran soll er seine Eindrücke dazu formulieren.

Ist ihm der Lesevorgang leicht / schwer gefallen? Treten Schwierigkeiten beim Lesen von ganz bestimmten Buchstaben/Silben auf? Fließt der Atem beim Lesen oder wird er gepresst? Kann der Inhalt wiedergegeben werden?

Das gilt auch für den Zuhörer.

Kann zusammengelautet werden? Sind beim Zuhören Satzzeichen hörbar? Ist die Stimme melodisch/monoton? Wird beim Vorlesen gedichtet? Werden Buchstaben/Endsilben weggelassen? Werden Buchstaben innerhalb eines Wortes vertauscht? Kann die Zeile gehalten werden? Bewegen sich beim Lesen die Augen oder der Kopf?

2. Lesen sinnloser Wörter

Dafür kann ein eigener Text vorbereitet sein oder es können einige Zeilen des bereits gelesenen Textes rückwärts, also von rechts nach links, entschlüsselt werden.

„Sad tsi red Norht sed Sreröhuz. Rew fua meseid Norht tztis, red nnak Nemmits dnu Nethcihcseg nemhenrev, eid tsnos dnamein tröh.

Fällt dieses „Lesen“ leichter/schwerer? Werden einige Wörter trotzdem erkannt?

3. Leises Lesen
   Text von 1. wird fortgeführt.

Der Thron macht einem das Zuhören leicht. Er öffnet die Ohren und das Herz, er schiebt langsam die Vernunft zur Seite, wie eine Schiebetür, und plötzlich sind da viele Räume und Wohnungen, ist alles offen, sind so viele Wege möglich . . .

Julius war oft dabei, und auch ich habe es schon einige Male miterlebt. Wer einmal auf dem Thron des Zuhörers saß, der hört von da an auch die anderen Stimmen, die in uns reden. Er hört nicht nur die Sätze und Wörter, die wir laut aussprechen. Er hört auch die inneren Stimmen, den anderen verborgenen Klang der Stimme . . .“*

Werden beim Leiselesen die Lippen mitbewegt oder wird mitgeflüstert? Kann der Textinhalt wiedergegeben werden?

Während der Schüler diese Aktivitäten ausführt, sollen noch weitere Punkte Beachtung finden:

- Lesehaltung gespannt oder angestrengt – Beine um die Sesselbeine geschlungen;
- der Text liegt genau vor dem Schüler – eher auf der rechten/linken Seite;
- das Buch liegt parallel zum Tischrand – schräg;
- beim Lesen wird ein Finger von Wort zu Wort mitgeführt,

* Aus: Heinz Janisch, *Vollmond oder Benedikts Reise durch die Nacht*, hpt-breitschopf, 1995

Programm zur Aktivierung der Lesefertigkeit

AUFWECKER

Zeige- und Mittelfinger einer Hand berühren den Nabel; Daumen, Zeige- und Mittelfinger der anderen Hand massieren unterhalb des Schlüsselbeins.

Dauer: 1 Minute

DENKMÜTZE

Die Ränder beider Ohren mit Daumen und Zeigefinger sanft von innen nach außen ziehen. Am oberen Rand des Ohres beginnen - bis zum Ohrläppchen.

Dauer: 15-mal

KREUZ-TANZEN

Mit einer Hand das gegenüberliegende Knie berühren, dann Handwechsel.

Dauer: mindestens 1 Minute

AUGEN-ACHTER

Schulterbreit stehen, linken Arm strecken, in Augenhöhe von der Mitte nach rechts oder links oben Achterschleifen ziehen. Dabei mit den Augen den Daumen verfolgen. Armwechsel.

Dauer: je 15-mal

NACKENROLLEN

Aufrecht stehen, Schultern locker. Kopf entspannt in den Nacken beugen. Langsam hin und her rollen.
Dauer: je 15-mal
Kopf entspannt zur Brust beugen. Langsam hin und her rollen.
Dauer: je 15-mal

Kinderseite

Programm zur Aktivierung der Lesefertigkeit

Auf dieser Seite kannst du Bezeichnungen für die Übungen finden und hineinschreiben und die Bilder anmalen.

Programm zur Aktivierung der Lesefertigkeit

Wirkung der Übungen

Aufwecker: Zusammenschalten beider Gehirnhälften; gegen Müdigkeit und Lustlosigkeit

Denkmütze: Aufmerksamkeit wird gesteigert, Gedächtnis wird aktiviert

Kreuztanzen: fördert Raumbewusstsein und beidäugiges, plastisches Sehen

Augenachter: verbessert Balance, Koordination und Zentrierung, behebt Verwechslung von Buchstaben

Nackenrollen: lockert Hals, Nacken und Schultern, überwindet geistige Müdigkeit, aktiviert beide Gehirnhälften – leichteres Lesen und Schreiben

Auswertung der Voraktivitäten

Auf Grund der Auswertung der Voraktivitäten können zusätzliche Hilfsmittel eingesetzt werden, die in den vorigen Kapiteln dargestellt wurden.

Der Text liegt auf einer Seite. Der Leser setzt sein dominantes Auge ein (mit Dominanztest vergleichen). Damit ist ein Hinweis auf die dominante Gehirnhälfte gegeben, der sich durch das Noticing beim Zuhören manifestieren sollte.

Rechtes Auge – linke Hemisphäre: Probleme mit dem Zusammenlauten, monotones Lesen, beim Zuhören sind keine Satzzeichen hörbar, Inhalt kann schlecht wiedergegeben werden.

Nach dem Üben des Programms werden die Voraktivitäten noch einmal durchgeführt und nach den vorgegebenen Kriterien bewertet. Viele Schüler merken bereits nach einem einmaligen Üben des Programms kleine Veränderungen. Solche Empfindungen motivieren Kinder natürlich sehr für die tägliche Ausführung des Programms.

Wenn auch eine gewisse Verbesserung sofort erkennbar ist, muss sie stabilisiert werden. Das erfolgt durch tägliches Üben des Programms, Einsatz der zusätzlichen Hilfsmittel und Leseübungen.

Von großer Bedeutung ist die **Auswahl der Lesetexte.** Sie sollen ansprechend und interessant sein und der Intelligenz der Schüler gerecht werden. Dass diesem Aspekt nicht immer Rechnung getragen wird, untermauert ein Blick in einige Lesebücher.

Isi und Ada singen ...

Sehr gut gefallen mir die Bücher, die den Lesern für die Fortsetzung der Geschichte ein Mitbestimmungsrecht einräumen. Sie können, bei einem bestimmten Punkt der Geschichte angelangt, unter drei möglichen Fortsetzungsvarianten der Geschichte wählen:

Ein Beispiel dazu: Wenn du der Meinung bist, dass . . ., dann lies weiter auf Seite . . ., wenn du glaubst, dass . . ., dann lies weiter auf Seite . . ., wenn du denkst, dass . . ., dann lies weiter auf Seite . . .

Steht die Lesefertigkeit zur Verfügung, ist es sinnvoll, am Leseverstehen weiterzuarbeiten, das selbst in höheren Schulstufen oft arge Mängel aufweist. Schüler klagen darüber, dass sie beim Durchlesen das Gefühl haben, sich nichts merken zu können oder den Text mehrmals lesen müssen, um den Inhalt zu erfassen.

Beim Lesen den Überblick zu behalten ist für das Leseverstehen wichtig. Dafür ist eine gute Verbindung zwischen gezielter und diffuser Aufmerksamkeit notwendig. Die gezielte Aufmerksamkeit ist auf das zu lesende Wort gerichtet, während die diffuse auf die bereits gelesenen und die zu lesenden Wörter gelenkt ist. Dadurch ist es möglich, einen Kontext herzustellen und den Sinn des Gelesenen zu erfassen. Aus diesem Grund beinhaltet das Programm zum Leseverstehen auch einige Längungsübungen.

Programm zur Aktivierung des Leseverstehens

Zum Üben sollten Texte verwendet werden, die auf ein sinnerfassendes Lesen ausgerichtet sind.

Hat man solche Texte nicht in ausreichendem Maß zur Verfügung, müssen aus vorhandenen Texten Fragen formuliert werden.

Das Märchen vom Hofnarren

Der Kaiser saß in seinem Schlafgemach und trank Tee aus einer goldenen Tasse. Plötzlich kam sein Minister hereingestürmt und verkündete: „Majestät, draußen stehen zwei Herren, die Euch unbedingt sprechen möchten. Sie behaupten, die Fähigkeit zu besitzen, einen Stoff weben zu können, den niemand zuvor gesehen hat."

Der Kaiser ließ die beiden Handwerker eintreten. Wortreich erklärten sie ihm, dass „ihren" Stoff nur jene sehen könnten, die für das Amt, das sie gerade ausführen, auch taugten. Die zwei Weber wurden in ein Kämmerchen geführt, wo sie sogleich mit ihrer Arbeit begannen.

Der Kaiser hatte bei der ganzen Sache ein schlechtes Gefühl. Er ließ sofort seinen Minister rufen und erzählte ihm alles.

Am nächsten Tag ließ der Kaiser die zwei Gauner zu sich rufen und wollte wissen, wieviel sie schon gewebt hätten. Die Weber baten den Kaiser, sich den wundersamen Stoff anzusehen. Dieser sah rein gar nichts.

Der Kaiser klatschte dreimal in die Hände, und blitzschnell tauchten fünf Wachen auf, die die beiden Betrüger abführten und einsperrten. Das Gold und Silber, das die beiden für ihren „wundersamen" Stoff angeblich verwendeten, wurde jedoch nicht gefunden.

Eines Tages kam der Hofnarr des Kaisers in den Raum, in dem die beiden Männer „gearbeitet" hatten. Er fand dort einen herrlich gewebten Stoff aus Gold und Silber. Nur er konnte ihn sehen, der restliche Hofstaat und auch der Kaiser aber nicht. Das bedeutete wohl, dass nur der Hofnarr für sein Amt taugte.*

Fragen: An welches bekannte Märchen erinnert dich diese Geschichte? Wer ist in der Geschichte für sein Amt geeignet und warum? Wo saß der Kaiser, als er Tee trank? Welchen Beruf hatten die zwei Handwerker?

Vor Zuhörern laut zu lesen bedeutet auch für manchen routinierten Leser Stress. Der eine kann zwar spannend vorlesen, doch fällt es ihm schwer, Wort für Wort zu erfassen. Einmal in Schwung gekommen, geht manchmal die Phantasie mit ihm durch. Er „liest", was gar nicht im Text steht, und manövriert sich in manche Sackgasse.

Der andere wieder gibt zwar penibel wieder, was im Text steht, doch ist sein Vortrag so monoton, dass es schwer fällt, ihm zuzuhören und den Inhalt zu erfassen.

Stressbedingt können sich bei beiden Gruppen atemtechnische Probleme zeigen. Sie müssen nach Luft schnappen und die Stimme kann gepresst klingen.

* Aus: Andrea Bogad-Radatz/Irene Kunze, *KI-LE-MA-ZESCH*, hpt-breitschopf, 1991

Programm zur Aktivierung des Leseverstehens

DENKMÜTZE

Die Ränder beider Ohren mit Daumen und Zeigefinger sanft von innen nach außen ziehen. Am oberen Rand des Ohres beginnen - bis zum Ohrläppchen.

Dauer: 15-mal

COOK IM SITZEN

Rechtes Bein über linkes Knie. Linke Hand greift auf den rechten Außenknöchel, rechte Hand umfasst den rechten Fußballen (1Minute). Dann gerade sitzen, Fingerspitzen berühren einander (1 Minute). Beinwechsel.

FUSSPUMPE

Linkes Bein über rechtes Knie. Mit linkem Daumen weichen Punkt unter Kniekehle drücken. Rechter Daumen drückt Punkt am Ende der Wade. Fuß auf- und abbewegen.

Dauer: je 1 - 2 Minuten

WADENPUMPE

Schrittstellung, Hände abstützen, Gewicht auf den vorderen Fuß verlagern. Linkes Bein steht am Boden. Im Ausatmen die Ferse des gestreckten Beines gegen den Boden drücken. Beim Einatmen Ferse heben. Dann Beinwechsel.
Dauer: je 10-mal

LÄNGEN DES PSOAS

Rechtes Bein nach vorne und abwinkeln, linkes Bein nach hinten ausstrecken, dann nach außen drehen. Rechten Handrücken auf die Innenseite des rechten Oberschenkels legen. Rechtes Knie beugen, bis Dehnung verspürt wird. Beinwechsel.
Dauer: je 10-mal

Kinderseite

Programm zur Aktivierung des Leseverstehens

Auf dieser Seite kannst du Bezeichnungen für die Übungen finden und hineinschreiben und die Bilder anmalen.

Programm zur Aktivierung des Leseverstehens

Wirkung der Übungen

Denkmütze: Aufmerksamkeit wird gesteigert, Gedächtnis wird aktiviert

Cook im Sitzen: fördert Aufmerksamkeit, Entspannung, Selbstwertgefühl, Koordination

Fußpumpe: verbessert die Konzentration, fördert die Feinmotorik für das Schreiben

Wadenpumpe: verbessert Hör- und Leseverstehen, erweitert die Aufmerksamkeitsspanne, baut Stress und Müdigkeit ab, verbessert den Sprachfluss

Längen des Psoas: verbessert räumliche Wahrnehmung, entspannt den Körper, hilft beim Lesen und Sprechen

Programm für stressfreies Vorlesen

Bei absolut leseunlustigen Kindern beginnt die **Leseanimation mit dem Vorlesen.** Wobei ich mich immer bemüht habe, das spezielle Interessengebiet des Kindes anzusprechen.

Geschichten anzulesen weckt in vielen Schülern die Neugier und veranlasst sie, den Text selbst weiterzulesen.

Am Rande der Stadt, unter einer alten knorrigen Baumwurzel, lebte eine große Mäusefamilie. Eines der Mäusekinder hatte ein weißes Fell.

Seine Geschwister lachten oft darüber, da sein weißes Fell beim Spielen rasch schmutzig wurde.

Die kleine weiße Maus kränkte sich und fragte ihren Großvater: „Opa, warum habe ich nicht auch ein graues Fell wie meine Geschwister?"

Er antwortete: „Das liegt an der Vererbung. Auch mein Vater, der ein Zauberer war, hatte ein weißes Fell. Übrigens, er hat mir das Zaubern vererbt."

Manchmal blieb die kleine weiße Maus längere Zeit von zu Hause weg, denn sie spielte am liebsten im Blumengarten. Dort tummelten sich viele Vögel. Sie flogen im Kreis. Sie flatterten hin und her. Sie hüpften auf und ab. Die kleine weiße Maus schlug Purzelbäume. Da schlossen die Vögel Freundschaft mit ihr.*

* Aus: Elfriede Buttazoni, *Die Maus, die Flügel bekam*, hpt-breitschopf, 1995

Programm für stressfreies Vorlesen

AUFWECKER

Zeige- und Mittelfinger einer Hand berühren den Nabel; Daumen, Zeige- und Mittelfinger der anderen Hand massieren unterhalb des Schlüsselbeins.

Dauer: 1 Minute

POSITIVE PUNKTE

Kuppen von Zeige- und Mittelfinger berühren die Stirn zwischen Augenbrauenmitte und Haaransatz und halten diese Punkte, sodass die Haut leicht gedehnt wird.
Dauer: mindestens 1 Minute

NACKENROLLEN

Aufrecht stehen, Schultern locker. Kopf entspannt in den Nacken beugen. Langsam hin und her rollen.
Dauer: je 15-mal
Kopf entspannt zur Brust beugen. Langsam hin und her rollen.
Dauer: je 15-mal

ARM-AKTIVIERUNG

Arm senkrecht in die Höhe strecken. Einatmen. Andere Hand umfasst den Arm. Ausatmen. Arm nach links, hinten, vorne, rechts drehen. Die andere Hand übt jeweils Gegendruck beim Ausatmen aus. Armwechsel.
Dauer: je 10-mal

BAUCHATMUNG

Beine schulterbreit stellen. Hände über den Nabel legen, Jungen rechte Hand über die linke, Mädchen umgekehrt. Augen schließen. Bauch wölbt sich beim Einatmen, senkt sich beim Ausatmen.

Dauer: 1 Minute

Kinderseite

Programm für streßfreies Vorlesen

Auf dieser Seite kannst du Bezeichnungen für die Übungen finden und hineinschreiben und die Bilder anmalen.

Programm für stressfreies Vorlesen

Wirkung der Übungen

Aufwecker: Zusammenschalten beider Gehirnhälften; gegen Müdigkeit und Lustlosigkeit

Positive Punkte: baut Stress und Spannungen ab, löst Gedächtnisblockaden, hilft wertfrei zu beurteilen, hilft positive Einstellungen zu finden

Nackenrollen: lockert Hals, Nacken und Schultern, überwindet geistige Müdigkeit, aktiviert beide Gehirnhälften – leichteres Lesen und Schreiben

Armaktivierung: Verbesserung der Atmung, Muskulatur für die Groß- und Feinmotorik wird gelockert; Ausdruck, schöne Handschrift und Schreibfluss werden gefördert

Bauchatmung: Die Gedanken werden ruhiger, Energie durchströmt den ganzen Körper

Spezialprogramm Schreiben

Der Grund, die Schreibschrift zu verbessern, geht über einen optischen Aspekt weit hinaus. Sicher wirken schön geschriebene Hefte netter, aber darüber hinaus ist eine gut leserliche Schrift auch die Basis, um aus Schulheften überhaupt lernen zu können.

Wird diese Bedingung nicht erfüllt, können Kinder nach ihren mitgeschriebenen Aufzeichnungen nur sehr schwer bis gar nicht lernen. Zum Teil haben sie schon allein mit dem Entziffern ihrer eigenen Schrift Schwierigkeiten. Vor allem in Unterrichtsfächern, in denen ihnen die Lehrinhalte nicht so geläufig oder sogar völlig fremd sind, können sie einen möglichen Zusammenhang des Geschriebenen auch nicht mehr rekonstruieren. Diese Beobachtung habe ich vor allem bei den Fächern Physik und Chemie gemacht.

Abgesehen davon schreckt eine völlig hingeschmierte Heftseite oft den Lernwilligsten ab. Kinesiologisch betrachtet schaltet uns eine solche Heftseite ab und erschwert das Lernen dadurch noch mehr. Nicht nur auf das Lernen, schon allein auf das Lesen erstreckt sich die negative Wirkung, das kann ich auf Grund meiner langjährigen Tätigkeit als Lehrerin bestätigen.

Manche Hefte habe ich, nach einem kurzen Blick darauf, sofort wieder geschlossen und an die unterste Stelle gereiht. Sie zu korrigieren war besonders mühsam.

Zum Verbessern der Schreibschrift empfehle ich folgendes Programm:

Zuerst schreibt jedes Kind auf einen bereits vorbereiteten Zettel ein paar Zeilen. (Für Unschlüssige ist ein Text zum Abschreiben oft sehr hilfreich.) Anschließend wird der Zettel unterhalb der letzten Zeile gefaltet, damit das Geschriebene auf die Rückseite zu liegen kommt.

Nun ist es wichtig zu klären, warum es überhaupt erstrebenswert ist, leserlich zu schreiben. Das kann in Form von Brainstorming erfolgen, bei dem ein Schüler auf einem Packpapierbogen mitschreibt. Aber auch Gruppenarbeit und Partnerarbeit eignen sich dafür. Man kann sogar ein Wettspiel daraus machen. Erst wenn der Betroffene selbst von einer leserlichen Schrift überzeugt ist, wird er eine Veränderung anstreben. Ich vergleiche diesen Abschnitt mit der Zielformulierung bei einer Balance und nehme mir ausreichend Zeit.

Programm zum Verbessern der Schreibschrift

AUFWECKER

Zeige- und Mittelfinger einer Hand berühren den Nabel; Daumen, Zeige- und Mittelfinger der anderen Hand massieren unterhalb des Schlüsselbeins.

Dauer: 1 Minute

LIEGENDE ACHT AUF PAPIER

Packpapier auf die Wand pinnen. Rechten Arm strecken, große Achterschleifen in Augenhöhe von der Mitte nach links oder rechts oben ziehen. Armwechsel.
Dauer: 3 - 5 Minuten

ARMKREISEN

Schulterbreit stehen, zuerst einen, dann den anderen Arm nach rückwärts kreisen, zum Schluss beide Arme gleichzeitig.
Dauer: mindestens 20-mal

LIEGENDE ACHT

Rechten Arm strecken, große Achterschleifen in Augenhöhe von der Mitte nach links oder rechts oben ziehen. Armwechsel. Dann mit beiden Armen Achter in die Luft zeichnen.

Dauer: 3 - 5 Minuten

ALPHABET-ACHTER

Einige Liegende Achter machen und aus den Achterschleifen Kleinbuchstaben werden lassen - linke Schleifen: a, c, d, e, g, o, q, s, in die rechten Schleifen: b, h, m, n, p, r, in die Mitte: f und t.
Dauer: mindestens je 3 Minuten

BEIDHÄNDIGES ZEICHNEN

Bequem stehen, mit beiden Händen gleichzeitig in Augenhöhe von der Mitte beginnend ein und dieselbe Figur spiegelbildlich zeichnen.

Dauer: mindestens 1 Minute

Kinderseite

Programm zum Verbessern der Schreibschrift

Auf dieser Seite kannst du Bezeichnungen für die Übungen finden und hineinschreiben und die Bilder anmalen.

Programm zum Verbessern der Schreibschrift

Wirkung der Übungen

Aufwecker: Zusammenschalten beider Gehirnhälften; gegen Müdigkeit und Lustlosigkeit

Liegende Acht auf Papier: fördert das Unterscheiden und Merken von Symbolen, behebt Verwechslung von Buchstaben, unterstützt stressfreies Schreiben

Armkreisen: bessere und tiefere Atmung

Liegende Acht: verbessert Balance, Koordination und Zentrierung, fördert das Unterscheiden und Merken von Symbolen, erleichtert das Entschlüsseln der geschriebenen Sprache

Alphabet-Acht: fördert die Augen-Hand-Koordination, verbessert das Unterscheiden der Buchstaben

Beidhändiges Zeichnen: verbessert Groß- und Feinmotorik, aktiviert Augen-Hand-Koordination

MONATSPLANER

VORHER		Woche 1	Woche 2	Woche 3	Woche 4	NACHHER
	Mo					
	Di					
	Mi					
	Do					
	Fr					
	Sa					
	So					

Als Übungsprogramm wähle ich:

Augenachten, die ich anfangs auch als Partnerübung ausführen lasse. Viele Kinder haben Probleme mit der Durchführung und brauchen eine Hilfestellung. Bereitet diese Übung den Kindern große Schwierigkeiten, werden davor die Gehirnknöpfe gerubbelt.

Nun schreiben die Kinder **große Liegende Achter** auf einen Bogen Packpapier. Zuerst mit der rechten Hand, dann mit der linken und schließlich mit beiden Händen. In der Form, als würden die beiden Stifte Fangen spielen, und dann gegengleich. Diese Übung schult die Grobmotorik und kann sehr gut variiert werden. Die Kinder können dabei mit verschiedenen Schreibgeräten arbeiten und auch unterschiedliche Schreibebenen verwenden.

Wenn auch eine Verbesserung der Schrift sofort erkennbar ist, eine nachhaltige Veränderung erfolgt erst, wenn das entsprechende Programm mehrmals durchgeführt wird. Variationen gestalten dabei das Programm abwechslungsreicher.

Jetzt kommen die **Buchstabenachter** (Alphabet-Achter) an die Reihe. Sie werden sowohl in die Luft als auch auf Papier geschrieben. Zusätzlich wird das Schreibformat bis auf Schriftgröße verkleinert. So wird auch die Feinmotorik aktiviert.

Die Übungen **Armlängen** und **Beidhändiges Zeichnen** schließen das Übungsprogramm ab.

Nun lasse ich die Kinder nochmals einen Text auf das bereits gefaltete Papier schreiben. Anschließend werden die Zettel auseinander gefaltet und die beiden Schriftproben verglichen.

Nachwort

Sehen Sie nach dem Durchlesen dieses Buches die Lernschwierigkeiten Ihres Kindes, Ihres Schülers unter anderen Gesichtspunkten? Oft ergeben viele kleine Aha-Erlebnisse ein Bild, das den Schüler plötzlich in einem ganz anderen Licht erscheinen lässt.

Im Erkennen der Gründe von Lernschwierigkeiten liegt gleichzeitig der Ansatz für eine Lösung. Mit „KNACK DIE NUSS“ haben Sie die Möglichkeit in der Hand, Ihrem Kind wirklich effizient helfen zu können. Fangen Sie am besten sofort damit an: Wählen Sie das Programm aus, von dem Sie sich die meiste Hilfe versprechen, und begeistern Sie Ihr Kind für diese neue Methode. Die auf den beiden Umschlaginnenseiten nachzulesenden Hinweise für die praktische Umsetzung unterstützen Sie dabei. Schon bald werden sich die ersten Erfolge einstellen.

Lernen ist ein Prozess, der uns das ganze Leben begleitet. Er kann so unglaublich spannend und aufregend sein und noch dazu auch Spaß machen. Von Natur aus ist jedes Kind wissbegierig und lernbereit. Bisweilen ist diese Haltung durch Blockaden beeinträchtigt. Sie haben den Schlüssel zum Lösen dieser Blockaden in der Hand. Mit den neu erschlossenen Potentialen wird es möglich sein, die „Nüsse zu knacken“.

Über die Autorin

Brigitte Haberda (gebürtige Wienerin) war mehr als zwanzig Jahre lang im österreichischen Schuldienst und unterrichtete in verschiedenen Schultypen. Sie war in der Lehrerfortbildung tätig und arbeitet inzwischen überwiegend als Seminarleiterin im In- und Ausland, unter anderem im Rahmen des IAK Institut für Angewandte Kinesiologie, Kirchzarten bei Freiburg. Auf der Grundlage der Kinesiologie schuf sie ein Trainings- und Förderprogramm für Tennisspieler. 1997 entwickelte sie das Lernberatungskonzept für die *KLIPP & KLAR-LERNSTUDIOs*. Im vorliegenden Buch über das Lesen- und Schreibenlernen stellt sie Förderprogramme vor, die sie in diesen von ihr gegründeten Lernstudios zum Beheben von Lernstörungen praktisch erprobt hat. Bei VAK ist ein weiteres Buch von Brigitte Haberda erschienen, das aus dieser Arbeit hervorging: *Rechnen – keine Hexerei*.

Das KLIPP & KLAR Lernkonzept

Nun, alles klipp und klar beim Lernen? Oder sind Sie erst richtig neugierig geworden und möchten mehr davon?

Dann können Sie ein Seminar der Autorin Brigitte Haberda besuchen und den Themenbereich vertiefen, der Sie besonders interessiert.

Wenn Sie Lust darauf bekommen haben, das KLIPP & KLAR Lernkonzept selbst beruflich anzuwenden, dann können Sie die Ausbildung zum KLIPP & KLAR Lerntrainer absolvieren.

Die Grafik gibt Ihnen einen ersten Überblick über die Seminare mit Brigitte Haberda. Sie können diese Seminare einzeln belegen – je nach Interessengebiet. Wenn Sie alle Ausbildungsmodule durchlaufen, können Sie an der Prüfung zum KLIPP & KLAR Lerntrainer teilnehmen.

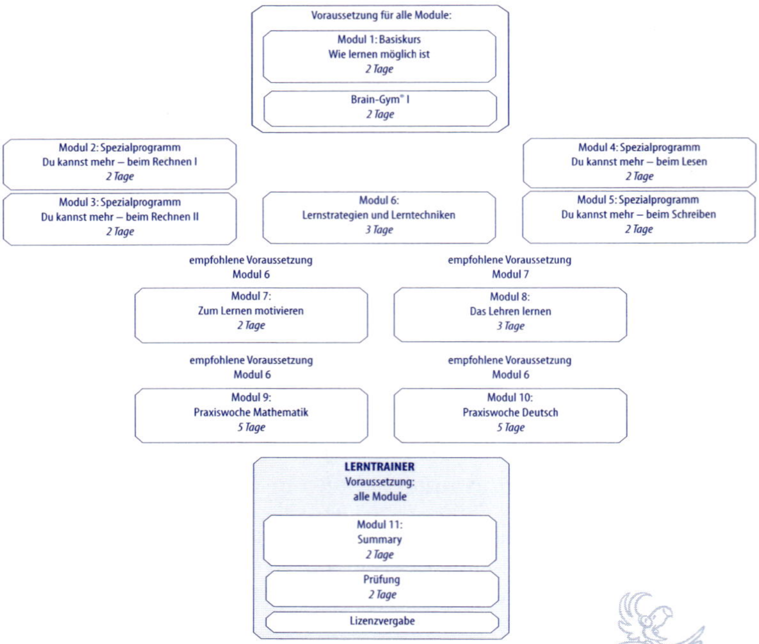

Empf. Literatur: Haberda: »Rechnen – keine Hexerei«, VAK
Meyenburg: »Die Sache mit dem X«, VAK

Eine detaillierte Ausbildungsbroschüre erhalten Sie bei
IAK Institut für Angewandte Kinesiologie GmbH, Eschbachstraße 5, D-79199 Kirchzarten bei Freiburg
Telefon 07661-9871-0, Fax 07661-9871-49
E-Mail: info@iak-freiburg.de
Website: www.iak-freiburg.de

D. Beigel, W. Steinbauer, K. Zinke:

Das bewegte Klassenzimmer

Ein Projekt zeigt Wirkung:
Ergebnisse und Anregungen für die Praxis

Was lässt sich in der Schule „bewegen“ mit einem anderen Unterricht, der gehirnfreundliches, „bewegtes“ Lernen fördert? Welchen Beitrag können die Brain-Gym®-Übungen der Edu-Kinestetik dazu leisten? Welche neuen Wege der Lernförderung kann die Schulverwaltung einschlagen, um der zunehmenden Zahl von Schülern mit Entwicklungsstörungen durch bewegungsorientierte Förderangebote zu helfen? Antworten auf diese Fragen suchte das Schulprojekt „Leichter lernen durch Bewegung“. Ein Buch für Grund- und Sonderschullehrer, für Pädagogen im Bereich der Lernförderung und für interessierte Eltern.

176 Seiten, 40 Abbildungen, Paperback (15 x 21,5 cm)
ISBN 3-935767-03-X

Lene Mayer-Skumanz, Irmgard Heringer, Anna Heringer:

Löwen gähnen niemals leise

Wie Lernen leicht gelingt.
Geschichten, Tipps und Übungen für Kinder

Dieses farbig illustrierte Kinderbuch greift mit Geschichten aus dem Alltag in verständnisvoller Weise Schulprobleme von Kindern auf. Mit viel Humor und Einfühlungsvermögen werden Kinder und Eltern ermuntert, mit Hilfe von einfachen Bewegungsübungen diese Probleme zu meistern.
In neuer Rechtschreibung.
Löwen gähnen niemals leise wurde von der Deutschen Akademie für Kinder- und Jugendliteratur e.V. zum Kinderbuch des Monats Juni 1998 gewählt.

64 Seiten, Ausfalttafel mit vielen farbigen Illustrationen,
Hardcover (16,5 x 24 cm)
ISBN 3-932098-21-8

Paul E. Dennison, Gail E. Dennison:

BRAIN-GYM®

Besser lernen mit dem ganzen Gehirn – das ist das Ziel der Brain-Gym®-Bewegungsübungen. Diese Bewegungen aktivieren auch solche Teile des Gehirns, die vorher nicht aufnahmefähig waren. Die witzig illustrierte „Gehirngymnastik“ ist für Jung und Alt geeignet; hilft uns, unser (Gehirn-)Potential besser zu nutzen; fördert klares und kreatives Denken; erleichtert jede Art von Lernen.
Brain-Gym® umfasst eine Reihe einfacher Bewegungen, mit denen man auf spielerische Weise seine Lernfähigkeit steigern kann. Die Übungen sind so angelegt, dass ihre Auswirkungen im Alltag schnell zu spüren sind.

63 Seiten, durchgehend illustriert, plus sechsseitige Falttafel „Alle 26 Brain-Gym®-Übungen auf einen Blick“, Spiralheftung (16,5 x 24 cm)
ISBN 3-924077-75-4